Paul Kohl

111 Orte
in Berlin
auf den Spuren
der Nazi-Zeit

emons:

Bibliografische Information der Deutschen Nationalbibliothek
Die Deutsche Nationalbibliothek verzeichnet diese Publikation
in der Deutschen Nationalbibliografie; detaillierte bibliografische
Daten sind im Internet über http://dnb.d-nb.de abrufbar.

© Emons Verlag GmbH
Alle Rechte vorbehalten
Gestaltung: Eva Kraskes, nach einem Konzept
von Lübbeke | Naumann | Thoben
Kartografie: Regine Spohner
Kartenbasisinformationen aus Openstreetmap,
© OpenStreetMap-Mitwirkende, ODbL
Druck und Bindung: B.O.S.S Druck und Medien GmbH, Goch
Printed in Germany 2014
Erstausgabe 2013
ISBN 978-3-95451-220-1
Originalausgabe

Unser Newsletter informiert Sie
regelmäßig über Neues von emons:
Kostenlos bestellen unter
www.emons-verlag.de

Vorwort

Viele Nazi-Orte in Berlin kennt man. Touristen werden im Pulk dorthin geführt. Doch wissen Sie auch, wo der Großmufti von Jerusalem den NS-Bonzen seine Hilfe für die Vernichtung der Juden anbot? Wo die Barren des Nazi-Goldes schlummerten? Wo die Hakenkreuzfahnen und Judensterne tonnenweise hergestellt wurden? Wo Hitler bei Tee und Obsttörtchen seinen Terror vorbereitete? Wussten Sie, dass Hitler bei Beginn seiner Kanzlerschaft 1933 Multimillionär war und bei Einzug in seine Neue Reichskanzlei 1939 Milliardär?

Wo nahm Goebbels luxuriöse Bäder in Marmorwannen? In welchen Kellern wurden sofort nach der Machtübernahme der Nationalsozialisten die Regimegegner gefoltert und wo nach Kriegsbeginn die Deserteure erschossen?

Doch es gab auch mutige Menschen, die sich nicht einschüchtern ließen und Widerstand leisteten. Viel mehr, als man glaubt. »Stille Helden«, die Juden versteckten und sie vor der Deportation retteten. Und auch Menschen, die öffentlich gegen den Terror protestierten, wie die couragierten Frauen in der Rosenstraße oder der Dompropst der St.-Hedwigs-Kathedrale, der von der Kanzel laut gegen die »Euthanasie«-Morde predigte, dazu die vielen Widerstandsgruppen.

Viele Orte der Verbrechen und des Widerstands sind heute noch zu sehen, die meisten aber sind im Krieg zerstört, überbaut oder eingeebnet worden. Doch fast überall sind Informationstafeln angebracht, erinnern Foto- und Textstelen an das, was dort damals geschah. Dieses Buch berichtet davon. Es führt Sie an Orte, die man niemals vergessen sollte.

Paul Kohl, der sich auf den Weg machte

111 Orte

1 — Alois' Restaurant
Hitlers Halbbruder bewirtet die SA und SS | 10

2 — Die Alte Reichskanzlei
Ein Millionär zieht ein | 12

3 — Der älteste jüdische Friedhof Berlins
Die SS spielt mit den Schädeln Fußball | 14

4 — Am Murellenberg
Erschießungsstätte für Pazifisten | 16

5 — Der Anhalter Bahnhof
In Personenwagen 3. Klasse nach Theresienstadt | 18

6 — Die Arbeiterstadt »Große Halle«
Zwangsarbeiter für die Welthauptstadt »Germania« | 20

7 — Das Arbeitserziehungslager Wuhlheide
Amtliche Todesursachen: »Herz«, »Kreislauf«, »Lunge« | 22

8 — Das Arbeitslager Schöneweide
Baracken für Speer und für das KZ Sachsenhausen | 24

9 — Das Atelier Arno Breker
Gebärer germanischer Giganten | 26

10 — Der Bahnhof Friedrichstraße
Kinderverschickung nach England | 28

11 — Der Bahnhof Grunewald
Erwachsene nach Auschwitz 25 RM, Kinder die Hälfte | 30

12 — Das Ball- und Konzerthaus Clou
Vom Vergnügungspalast zum Deportations-Sammellager | 32

13 — Der Berliner Dom
Für Nazipomp bestens geeignet | 34

14 — Black Else Blochwitz
Als Luftschutzwart Kellerverstecke ausfindig machen | 36

15 — Die Blindenwerkstatt
Otto Weidt rettet seine Bürstenmacher | 38

16 — Das Bonhoeffer-Haus
Dem Rad in die Speichen fallen | 40

17 — Die Bücherverbrennung
Studenten als Feuerteufel | 42

18 — Das Columbia-Haus
Die Schreie sind draußen zu hören | 44

19 — Die Comedian Harmonists
Veronika, das Verbot ist da | 46

20 — Die Deutsche Reichsbahn
Die Deportationszüge verkehren fahrplanmäßig | 48

21 — Die Deutsche Reichsbank
In den Kellertresoren das Gold | 50

22 — Eichmanns Judenreferat IV B 4
Der Organisator der Deportationen | 52

23 — Die »Europäische Union«
Für ein befreites, sozialistisches Europa | 54

24 — Die Euthanasiezentrale
Zur Tarnung: »Aktion T4« | 56

25 — Die Fahnenfabrik Geitel & Co.
Gelbe Sterne und Hakenkreuze am laufenden Band | 58

26 — Die Familie Heilmann
Der Vater im KZ ermordet, die Familie kämpft weiter | 60

27 — Die Feuerwache Kreuzberg
Die »Feuerlöschpolizei« verbrennt Kunstwerke | 62

28 — Das Finanzamt Moabit-West
Geld gegen Leben | 64

29 — Der Flakturm Humboldthain
Oben Geschütze – unten Munition und Luftschutzräume | 66

30 — Die Flucht des George Grosz
Die SA kommt zu spät, siegt aber doch | 68

31 — Der Fotograf des »Führers«
Die Bildagentur Heinrich Hoffmann | 70

32 — Das Frauengefängnis Barnimstraße
Letzte Station vor der Enthauptung | 72

33 — Der Frauenprotest
»Gebt uns unsere Männer wieder!« | 74

34 — Der Führerbunker
Das Ende in der Betonhöhle | 76

35 — Die Führerschule
Fachmännische Abrichtung zum Massenmord | 78

36 — Die Geheime Staatspolizei
Wer in der Kartei steht, ist verloren | 80

37 — Der Generalbauinspektor
Zuständig für Großbauten, Deportationen, KZs, Rüstung | 82

38 — Das Gerichtsgefängnis Köpenick
Die »Köpenicker Blutwoche« – das Massaker der SA | 84

39 — Goebbels' Stadtpalais
   Luxus auf Staatskosten und der Putschist Remer | 86

40 — Die Gräfin Maria von Maltzan
   Juden im Güterwaggon in die Freiheit | 88

41 — Der Großdeutsche Rundfunk
   Das »Braune Haus« des deutschen Geistes | 90

42 — Der Großmufti von Jerusalem
   Mohammed Amin al-Husseini fordert die »Endlösung« | 92

43 — Die Gruppe Herbert Baum
   Kommunistische Juden zünden ein Fanal | 94

44 — Der Güterbahnhof Moabit
   In Möbelwagen zur Deportation | 96

45 — Der Hausvogteiplatz
   Die jüdische Mode- und Bekleidungsbranche wird ausgelöscht | 98

46 — Die Heeres-Pionierschule
   Bedingungslose Kapitulation in Karlshorst | 100

47 — Die Hinrichtungsstätte Plötzensee
   Dauereinsatz der Guillotine im Geräteschuppen | 102

48 — Die Hirnforschung in Berlin-Buch
   Gehirnpräparate für die NS-Wissenschaft | 104

49 — Der Hochbunker Pallasstraße
   Kein Schutz der militärischen Fernmeldetechnik | 106

50 — Das Hotel Kaiserhof
   Glanz und Gloria der Ordensträger | 108

51 — Das Institut für Rassenhygiene
   Mengele liefert Leichenteile aus Auschwitz | 110

52 — Das Jüdische Altenheim
   Von Tisch und Bett ins Gas | 112

53 — Der Jüdische Friedhof Weißensee
   Vor den Deportationen Selbstmorde | 114

54 — Die Jüdische Knabenschule
   Vom freien Geist zum Sammellager | 116

55 — Das Jüdische Krankenhaus
   Letzte Zuflucht, vergeblich | 118

56 — Der Jüdische Kulturbund
   Überwachung, Schikanen, Auflösung, Deportation | 120

57 — Das Jüdische Waisenhaus
   Nach England oder in den Tod | 122

58 — Das Karl-Liebknecht-Haus
   Von der KPD zu Horst Wessel | 124

59 — Die Keller in der Wielandstraße
Hausmeister Jogmin baut Verstecke in zwei Häusern | 126

60 — »Kraft durch Freude«
Wellness unterm Hakenkreuz | 128

61 — Die Kroll-Oper
Musik, Protest, Akklamation | 130

62 — Der Lustgarten
Paraden, Jubel, Hetze, »Sowjetparadies« | 132

63 — Die Martin-Luther-Gedächtniskirche
Kreuz und Hakenkreuz bei den »Deutschen Christen« | 134

64 — Die Maschinenfabrik Teves
Werkmeister Daene schützt Zwangsarbeiterinnen | 136

65 — Das Metropol-Theater
Wer sich die Welt mit einem Donnerschlag erobern will | 138

66 — Die Neue Reichskanzlei
Ein Protzbau für einen Milliardär | 140

67 — Die Neue Synagoge
Ein Reviervorsteher rettet das Gotteshaus | 142

68 — Das Oberkommando der Wehrmacht
Befehlszentrale für Okkupation, Ausbeutung, Vernichtung | 144

69 — »Onkel Emil«
Das heimliche Netzwerk der Ruth Andreas-Friedrich | 146

70 — Die Organisation Todt
Der tödliche Absturz des »Führer«-Kritikers | 148

71 — Das Palästina-Amt
Zwischen Gestapo und britischer Mandatsbehörde | 150

72 — Der Passfälscher
Mit Lupe, Japanpinsel und Ösenstanzer neue Ausweise | 152

73 — Der Pfarrer von Tegel und Plötzensee
Harald Poelchau hilft bis zur letzten Minute | 154

74 — Das Polizeipräsidium
Das zentrale Gefängnis für »Schutzhaft« | 156

75 — Die Quäker
Die »Religiöse Gesellschaft der Freunde« | 158

76 — Die Rassenhygienische Forschungsstelle
»Fliegende Arbeitsgruppen« erfassen Sinti und Roma | 160

77 — Das Reichsaußenministerium
Der Sektgroßhändler betreibt die Shoah | 162

78 — Die Reichsbräuteschule
Dressur zur frohen deutschen Hausfrau | 164

79 — Das Reichsfinanzministerium
Ausgaben für den Krieg – Einnahmen durch Raub | 166

80 — Der Reichsführer-SS
Karriere mit dem Totenkopf | 168

81 — Das Reichskriegsgericht
Für Pazifisten Todesurteile in Serie | 170

82 — Das Reichsluftfahrtministerium
Hermann Göring: Terrorist und Lebemann | 172

83 — Die »Reichsparteitagfilm GmbH«
Leni Riefenstahls »unpolitische« Kunst für den Terror | 174

84 — Das Reichspropagandaministerium
In der Hexenküche kocht der Teufel selbst | 176

85 — Das Reichssicherheitshauptamt
Zur Sicherung des Reichs eine Mordzentrale | 178

86 — Der Reichstag
Der willkommene Brand | 180

87 — Das Robert-Koch-Krankenhaus
Widerstand beim »Kaffeekränzchen« – nebenan die SS-Ärzte | 182

88 — Die »Rote Kapelle«
»Pianisten« tippen Codes nach Moskau | 184

89 — Der Rote Kiez Charlottenburg
Richard Hüttig und seine Häuserschutzstaffeln | 186

90 — Die Saefkow-Jacob-Bästlein-Organisation
»Weg mit Hitler – Schluss mit dem Krieg!« | 188

91 — Das SA-Gefängnis Papestraße
Eine der vielen Folterstätten | 190

92 — Das Sammellager Levetzowstraße
Wenn 1.000 Personen vollzählig, Abschub | 192

93 — Schwanenwerder
Das Inselparadies der NS-Bonzen | 194

94 — Das schwesterliche Hilfswerk
Elisabeth und Julie Abegg helfen 80 Verfolgten | 196

95 — Der Sportpalast
Einpeitschung zum »Endsieg« | 198

96 — Die SS-Leibstandarte Adolf Hitler
Einsatz bei Empfängen, Paraden und Massenmorden | 200

97 — Das SS-Wirtschaftshauptamt
Behörde für Ausbeutung bis zum Tod | 202

98 — Stauffenbergs Dienstsitz
Nicht der Nationalsozialismus, der Chef muss weg | 204

99 — Die Stellvertreter des »Führers«
Rudolf Heß fliegt davon, Martin Bormann nimmt Zyankali | 206

100 — Die St.-Hedwigs-Kathedrale
Dompropst Lichtenberg predigt Protest | 208

101 — Die Synagoge Fasanenstraße
Deutsche Häuser dürfen nicht brennen | 210

102 — Die Uhrig-Organisation
Widerstand, Verhaftung, Widerstand, Enthauptung | 212

103 — Die Vermögensverwertungsstelle
Herrenloses Judengut für »Arier« | 214

104 — Der Volksgerichtshof
5.243 Todesurteile »Im Namen des Deutschen Volkes« | 216

105 — Das Volkshaus der SPD
Prinz August Wilhelm ist mit der Folter zufrieden | 218

106 — Die Wannsee-Villa
Tagesordnung: »Endlösung der Judenfrage« | 220

107 — Die »Weser Flugzeugbau GmbH«
Zwangsarbeiter reparieren Stukas | 222

108 — Die Wittenauer Heilstätten
»Wilde Euthanasie« durch das Pflegepersonal | 224

109 — Die Zentrale Dienststelle für Juden
Einweisung zur Zwangsarbeit | 226

110 — Das Zeughaus
Wieder ein Attentat auf Hitler gescheitert | 228

111 — Das »Zigeunerlager« Marzahn
Zu den Olympischen Spielen ist Berlin »zigeunerfrei« | 230

1 Alois' Restaurant
Hitlers Halbbruder bewirtet die SA und SS

Alois Hitler (1882–1956), der Halbbruder von Adolf Hitler, arbeitet in Linz als Kellner und wird wegen mehrfachen Diebstahls zu Gefängnisstrafen verurteilt. Nach seiner Haft wandert er nach Dublin und Liverpool aus, jobbt in Kneipen und begeht als Hochstapler Betrügereien. Darauf flieht er mit einer jungen Geliebten nach London, heiratet sie und wird Vater eines Sohnes. Er verlässt beide, heiratet 1919 in Hamburg mit gefälschten Papieren eine neue Geliebte, wird wieder Vater eines Sohnes und betreibt mit kärglichen Einkünften einen Rasierklingenhandel und eine Hühnerzucht. 1924 fliegt Alois' Bigamie auf. Die Scheidung von seiner ersten Frau bewahrt ihn vor dem Gefängnis. 1926 tritt er in die NSDAP ein, doch sein Halbbruder verweigert ihm die Mitgliedschaft, er muss austreten.

1927 arbeitet Alois als Kellner im »Weinhaus Huth« am Potsdamer Platz und eröffnet Mitte der 1930er Jahre eine Weinhandlung und eine Kneipe in der Charlottenburger Leonhardtstraße 5. Bald darauf nötigt er den jüdischen Besitzer des Hauses Wittenbergplatz 3 zum Verkauf, lässt die dort noch wohnenden Juden verprügeln und richtet darin 1937 sein Restaurant »Alois« ein. Schnell wird das Lokal zum NS-Szenetreffpunkt, vor allem für SA- und SS-Schläger. Die Spezialität seiner reichhaltigen Speisekarte: »Ragout fin in Muschel« und »Pikanter Fleischsalat« für eine Reichsmark. Nur Adolf Hitler meidet den Ort. In all der Zeit hat Alois kaum Kontakt mit ihm, ausgenommen während weniger kurzer Treffen, bei denen Hitler ihn heftig zurechtstaucht. Als Alois per Post von der »Roten Kapelle« anonym einen Aufruf zum Widerstand zugeschickt bekommt, geht er damit zur Gestapo und trägt damit dazu bei, dass die Widerstandsgruppe verhaftet und hingerichtet wird.

Kurz vor Kriegsende flieht er mit seiner Frau Hedwig nach Hamburg, wo er seinen Namen in Hiller umändert. 1956 stirbt Alois Hiller in Hamburg.

Adresse Wittenbergplatz 3, 10789 Berlin-Schöneberg | **ÖPNV** U 1, U 2, U 3, Bus M 19, M 46, Haltestelle Wittenbergplatz | **Und heute** Das Gebäude ist noch erhalten, und anstelle des »Alois« gibt es nun das italienische Restaurant »Mola«.

2 Die Alte Reichskanzlei
Ein Millionär zieht ein

Nach seiner Ernennung zum Reichskanzler durch Reichspräsident von Hindenburg am 30. Januar 1933 zieht Adolf Hitler in die Alte Reichskanzlei in der Wilhelmstraße 77–78 ein (heute ungefähr Nr. 92–93). 1878 war die Alte Reichskanzlei schon der Amts- und Wohnsitz von Reichskanzler Otto von Bismarck.

1933 ist Hitler bereits Millionär und einer der reichsten Männer Deutschlands. Seine Gelder erhält er durch Reden für ein Mindesthonorar von 1.000 Reichsmark pro Rede, durch die großzügigen Spenden von Winifred Wagner, der Schwiegertochter von Richard Wagner, von Elsa und Hugo Bruckmann, dem Münchner Kunstverlegerpaar, Helene und Edwin Bechstein, dem Berliner Klavierfabrikantenpaar. Helene Bechstein schenkt Hitler seine erste Luxuslimousine, einen roten Mercedes. Ebenso erhält er Spenden von den Industriellen Borsig, Thyssen, Siemens und Henry Ford. Dazu fließen Gelder durch seine Beteiligung am Münchner Eher-Verlag, dem Zentralverlag der NSDAP, in dem auch der »Völkische Beobachter« und »Mein Kampf« erscheinen. Allein für sein Buch erhält er Millionenhonorare.

Hitlers Regierung ist eine Chaos-Regierung. Der »Führer und Reichskanzler« verweigert ein geregeltes Herrschaftssystem. Er entscheidet nicht in Sitzungen seines Kabinetts, das anfangs nur sehr unregelmäßig und ab 1938 überhaupt nicht mehr zusammentritt. Er entscheidet aufgrund mündlicher Berichterstattungen. Sonderbeauftragte, Reichskommissare und Generalbevollmächtigte streiten sich mit den Ministerien, deren Kompetenzen und Zuständigkeiten völlig verworren sind. Staats- und Unterstaatssekretäre bekämpfen sich gegenseitig. Doch alle sind sich darüber einig, »Staatsfeinde« und Juden zu vernichten und einen Weltkrieg zu führen, der etwa 65 Millionen Tote hinterlassen wird.

Luftangriffe beschädigen die Alte Reichskanzlei und ihren Erweiterungsbau schwer. Die Ruine wird 1949 abgerissen.

Adresse Wilhelmstraße 92–93, 10117 Berlin-Mitte | **ÖPNV** S 1, S 2, S 25, U 55, Haltestelle Brandenburger Tor, U 2, Haltestelle Mohrenstraße, Bus 200, Haltestelle U Mohrenstraße | **Und heute** Durch das Grundstück führt die Straße An der Kolonnade mit DDR-Plattenbauten. Schautafeln erinnern an den Ort.

3 Der älteste jüdische Friedhof Berlins

Die SS spielt mit den Schädeln Fußball

Hinter dem Altenheim in der Großen Hamburger Straße 26 (siehe Seite 112) in Berlin-Mitte lag der älteste jüdische Friedhof von Berlin. Heute geht man an der unscheinbaren Grünanlage leicht achtlos vorüber. Auf diesem ehemaligen Friedhof wurden von 1672 bis 1827 etwa 12.000 Tote der ersten jüdischen Gemeinde Berlins bestattet. Darunter auch der berühmte Philosoph und Wegbereiter der Judenemanzipation Moses Mendelssohn (1729–1786). Fast alle Grabsteine waren aus Sandstein, niedrig und nahezu einheitlich gestaltet. Diese Einheitlichkeit und Schlichtheit sollten die Gleichheit zwischen Armen und Reichen im Tode symbolisieren. Dennoch ragten auch hier monumentale Grabstätten deutlich hervor. Nach seiner Schließung 1827 diente der Friedhof als Park für die Bewohner des zwei Jahre später erbauten ersten Altenheimes Berlins. Als Ersatz eröffnete man eine jüdische Begräbnisstätte in der Schönhauser Allee.

Auf Befehl der Gestapo zerstören SS-Männer 1943 den Friedhof völlig. Sie zertrümmern Tausende von Grabsteinen, werfen die Knochen aus den Gräbern und spielen mit den Schädeln Fußball. Dazu legt die SS quer durch den Friedhof als Luftschutz einen Splittergraben an und steift ihn mit den Resten der Grabsteine ab. Durch die rückwärtigen vergitterten Fenster können dies die Juden sehen, die in dem nun zum Sammellager umgebauten ehemaligen Altenheim auf ihre Deportation warten müssen.

Im April 1945 finden auf dem Friedhof wieder Begräbnisse statt: Für fast 2.500 Wehrmachtssoldaten und Zivilisten, die bei Bombenangriffen ums Leben kommen, hebt man Massengräber aus. Und auch Gräber für jene, die in den letzten Kriegstagen weiße Betttücher aus den Fenstern hängen und von der SS erschossen werden.

Nach 1970 werden die Gräber eingeebnet. In der Friedhofsmauer sind noch alte Grabsteine zu sehen.

Adresse Große Hamburger Straße 26, 10115 Berlin-Mitte | **ÖPNV** S 5, S 7, S 75, Haltestelle Hackescher Markt, S 1, S 2, S 25, Haltestelle Oranienburger Straße, U 8, Haltestelle Weinmeisterstraße | **Und heute** Der zerstörte Friedhof ist als Gedenkort gestaltet. Ein rekonstruierter Grabstein erinnert an die Stelle, wo sich das Grab von Moses Mendelssohn befunden hatte.

4 Am Murellenberg
Erschießungsstätte für Pazifisten

Bis zu seinem Abzug aus Berlin 1943 lässt das Reichskriegsgericht (siehe Seite 170) in der Charlottenburger Witzlebenstraße seine Todesurteile im Innenhof der Strafanstalt Plötzensee und in der Jungfernheide durch Erschießen vollstrecken. Darauf folgt als Exekutionsstätte der Charlottenburger Murellenberg hinter der Waldbühne, und zwar an zwei Orten: zum einen im Bereich der heutigen Munitionsdepots einer Polizeiverwaltung zwischen den Lagerschuppen 9, 10 und 11. Diese Stelle befindet sich auf einem abgesperrten, nicht zugänglichen Gelände der Spandauer Polizei. Die andere Stätte liegt in einer ehemaligen Sandgrube, die man betreten kann und die durch »Denkzeichen« markiert ist. Beide Orte können ohne eindeutigen Beleg als höchstwahrscheinlich gelten. Nachgewiesen ist jedoch, dass am Murellenberg von Mitte August 1944 bis Mitte April 1945 Wehrmachtsangehörige aller Dienstgrade erschossen werden.

Die Todesurteile wegen Fahnenflucht, Wehrkraftzersetzung oder »Defätismus« fällen das Zentralgericht des Heeres, das Gericht der Wehrmachtskommandantur Berlin und das Fliegende Standgericht des Befehlshabers im Wehrkreis III. Der Wehrmachtskommandant von Berlin fordert beim Ersatz- und Ausbildungsregiment in Spandau das Exekutionskommando an. Sie töten am Murellenberg mindestens 280 Wehrmachtsangehörige.

Nachgewiesen sind die Namen von 232 Hingerichteten, die aus allen Teilen Deutschlands stammen. Der Luftwaffenobergefreite Walter Brückmann aus Siegen beispielsweise, der nach einem Lazarettaufenthalt in Berlin untertaucht und gestellt wird. Oder der Sparkasseninspektor Raymund Biedenbach aus Fulda, der an der Ostfront als Unteroffizier 1943 den Krieg als verloren bezeichnet und von Kameraden denunziert wird. Der Metallarbeiter Johann Hammes aus Troisdorf, der an der Ostfront in der Hauptkampflinie Kameraden zur Selbstverletzung anstiftet, um sich dadurch dem Kriegsdienst zu entziehen.

Adresse Waldweg auf dem Murellenberg, 14053 Berlin-Charlottenburg | **ÖPNV** S 5, Haltestelle Pichelsberg, dann 15 Minuten Fußweg, Bus M 49 bis Scholzplatz. Von hier gelangt man über die Schwindter Allee in circa 15 Minuten zu Fuß zur Waldbühne, linker Hand beginnt der Weg in den Wald. | **Und heute** Zur Erinnerung an die Erschießungen sind, am Murellenberg-Waldweg beginnend, von der Glockenturmstraße bis zur Erschießungsstätte 106 Denkzeichen in Form von Spiegeln aufgestellt.

5 Der Anhalter Bahnhof
In Personenwagen 3. Klasse nach Theresienstadt

Wie immer herrscht auch am 2. Juni 1942 schon um fünf Uhr morgens auf den Bahnsteigen des Anhalter Bahnhofs viel Betrieb. Reisende hasten mit ihrem Gepäck an den Zügen entlang, manche gefolgt von Gepäckträgern mit voll beladenen Karren. In dem Getümmel fällt es nicht auf, dass bewaffnete Männer des Sicherheitsdienstes und der Ordnungspolizei am Gleis 1 alte Menschen zum letzten Waggon 3. Klasse befehlen, der an den »Karlsbader Bäderzug« angehängt ist. Sie waren Bewohner des jüdischen Altenheims in der Großen Hamburger Straße (siehe Seite 112) und tragen den gelben Stern an ihrer Kleidung. Zu dieser Reise dürfen sie mitnehmen: 50 Reichsmark, vollständige Kleidung mit festen Schuhen, einen Koffer, Bettzeug mit Decke, Essgeschirr mit Löffel, Verpflegung für acht Tage. Abfahrt des Zuges: 6.07 Uhr.

Er ist der erste von 116 »Alterstransporten«, mit denen bis Ende März 1945 von diesem Bahnhof aus 9.655 Menschen zur »Wohnsitzverlegung« in das »Altersghetto« nach Theresienstadt bei Prag deportiert werden. Dieses »Transitlager« ist nur eine Zwischenstation auf dem Weg in die Vernichtungslager im Osten. So reisen die Deportierten mit den normal Reisenden bis Prag mit. Auf der anderen Seite des Bahnhofs steht immer der Sonderzug für den »Führer« bereit, bewacht von seiner SS-Leibstandarte.

Ab Juli 1942 werden aus den jüdischen Altenheimen Gruppen zu je 100 Menschen in das Konzentrationslager Theresienstadt »evakuiert«. Dann werden laut Anordnung von Eichmanns Judenreferat IV B 4 an die D-Züge nach Dresden und Prag zwei Waggons 3. Klasse angehängt. Die »großen Transporte« mit je 1.000 und mehr Menschen fahren vom Bahnhof Grunewald (siehe Seite 30) und Güterbahnhof Moabit (siehe Seite 96) ab.

Anfang Februar 1945 zerbomben Luftangriffe den Anhalter Bahnhof schwer. Die Ruinen werden 1959 gesprengt – nur ein Teil des Haupteinganges ist heute als Ruinenrest erhalten.

Adresse Askanischer Platz, 10963 Berlin-Kreuzberg | **ÖPNV** S 1, S 2, S 25, Haltestelle Anhalter Bahnhof | **Und heute** Vom größten Kopfbahnhof Europas steht heute nur noch ein Portikus. Daneben ist eine Gedenkstele mit Fotos und Informationstexten errichtet.

6 Die Arbeiterstadt »Große Halle«

Zwangsarbeiter für die Welthauptstadt »Germania«

Bauherr und Betreiber der »Arbeiterstadt Große Halle« ist der direkt Hitler unterstellte »Generalbauinspektor für die Reichshauptstadt« Albert Speer (siehe Seite 82). 1938 legt er seinem Chef seinen Plan für die »Welthauptstadt Germania« vor. Die monströsen Bauten sollen die Größe und Macht des »Tausendjährigen Reichs« symbolisieren. Hitler schwärmt von unüberschaubaren Massenveranstaltungen vor dieser gigantischen steinernen Kulisse. Nach dem siegreichen Krieg soll das Monsterunternehmen 1950 vollbracht sein.

Für das Zentrum Berlins plant Speer die »Große Halle« mit einer 290 Meter hohen Kuppel, die Platz für 180.000 Menschen bieten soll. Am entgegengesetzten Ende der Nord-Süd-Achse ist ein kolossaler Triumphbogen vorgesehen, für dessen Bodenbelastungstest noch der »Schwerbelastungskörper« an der General-Pape-Straße zu sehen ist. Den Bau der »Großen Halle« beginnt Speer 1938. Dafür lässt er Wohnungen von Juden zwangsräumen und bereitet damit ihre Deportation vor. Um die vorgesehenen 8.000 Arbeiter unterzubringen, sollen nördlich der Spandauer Stadtrandsiedlung kasernenartige Unterkünfte errichtet werden: die »Arbeiterstadt«.

Nach Kriegsbeginn muss die Anlage für ausländische Zwangsarbeiter aus den besetzten Ländern durch Holzbaracken erweitert werden. Wegen Materialmangels sind bis zum Baubeginn der »Großen Halle« anstelle der 25 geplanten Gebäude nur neun Bauten für 3.000 Arbeiter fertiggestellt. Entsprechend beengt müssen Tausende Zwangsarbeiter in miserablen Quartieren hausen. Die Verpflegung ist schlecht, die Arbeit mörderisch, die tägliche Todesrate hoch. Jederzeit können die Zwangsarbeiter durch die Gestapo in KZ-ähnliche »Arbeitserziehungslager« (siehe Seite 22) eingeliefert werden.

Kriegsbedingt müssen Mitte 1942 die Bauarbeiten am Größenwahnprojekt »Germania« und der »Großen Halle« eingestellt werden.

Adresse Evangelisches Waldkrankenhaus, Stadtrandstraße 555, 13589 Berlin-Spandau | **ÖPNV** S 5, U 7, Haltestelle Spandau, dann weiter mit Bus 130 oder M 37, Haltestelle Waldkrankenhaus | **Und heute** Die acht erhaltenen, denkmalgeschützten Gebäude sind in das Waldkrankenhaus integriert. Auf einem Platz vor vier Gebäuden im hinteren Teil des Geländes rechts erinnert ein Gedenkstein an die Zwangsarbeiter.

7 Das Arbeitserziehungslager Wuhlheide

Amtliche Todesursachen: »Herz«, »Kreislauf«, »Lunge«

Am südlichen Rand des Schlossparks Friedrichsfelde errichtet die Reichsbahn-Baudirektion 1939 an der Ecke Treskowallee, Triftweg entlang der Bahnlinie ihr »Gemeinschaftslager Wuhlheide«, benannt nach dem nahe gelegenen Bahnhof Wuhlheide. In 15 Baracken interniert sie für ihre Bauarbeiten deutsche und ausländische Zwangsarbeiter. Im April 1940 mietet die Gestapo von diesem Reichsbahnlager vier Baracken, um darin »Widersetzliche« einzuquartieren, die vom Arbeitsamt oder den Fabriken als »Arbeitsscheue und Arbeitsverweigerer« gemeldet werden. Damit schafft die Gestapo das »Arbeitserziehungslager Wuhlheide«. Die inhaftierten Männer stellt sie der Reichsbahn für Erd- und Gleisarbeiten zur Verfügung. Um ihren Widerstandswillen zu brechen, wendet man bei ihnen »besondere Arbeitsmethoden« an. Später kommen noch zwei Baracken hinzu, sodass das Erziehungslager sechs mit Stacheldraht umzäunte Baracken umfasst. Die Lagerleiter sind Angehörige der Sicherheitspolizei.

Durch dieses Lager werden etwa 30.000 Zwangsarbeiter geschleust: Deutsche, Tschechen, Polen, Franzosen, Niederländer, Belgier, Russen, Ukrainer. Unter den Gefangenen befinden sich auch der Ringer Werner Seelenbinder, Mitglieder der Gruppe um Robert Uhrig (siehe Seite 212) und Dompropst Bernhard Lichtenberg (siehe Seite 208).

Die »besonderen Methoden zur Arbeitserziehung«: täglich bis zu 18 Stunden schwerste Arbeit, katastrophale Verpflegung und Unterkunft, Auspeitschung, Eintauchen in Jauchegruben. Bis Kriegsende sterben durch die Arbeits- und Lagerbedingungen bis zu 3.000 Inhaftierte. Die amtlichen Todesursachen lauten »Herzschwäche«, »Kreislaufstörung«, »Lungenentzündung«. Als Todesursachen werden auch vermerkt: »Kopfschuss«, »Brustdurchschuss«, »Rückensteckschuss«.

Das ehemalige Lagergelände gehört heute zum 1955 errichteten Tierpark.

Adresse Am Tierpark 125, 10319 Berlin-Friedrichsfelde | **ÖPNV** U 5, Haltestelle Tierpark, Bus 296, Haltestelle U Tierpark | **Und heute** Außerhalb des Tierparks erinnern an dessen südlichem Ende kurz vor der Eisenbahnbrücke zwei Stelen an das Lager. Im Tierpark (Eintritt) steht am südlichen Rand weit vor dem Alfred-Brehm-Haus gegenüber den Volieren für Uhus ein Gedenkstein mit Bronzetafeln für die Opfer des Lagers.

8 Das Arbeitslager Schöneweide
Baracken für Speer und für das KZ Sachsenhausen

Da der »Generalbauinspektor für die Reichshauptstadt« Albert Speer 1943 zusätzlich zum »Reichsminister für Rüstung und Kriegsproduktion« ernannt wird, benötigt er für seine Zwangsarbeiter weitere Lager. So pachtet er im Juni 1943 von der Reichsbahn und vom Oberfinanzpräsidenten Berlin-Brandenburg ein großes Gelände mitten in einem Wohngebiet, aber in der Nähe von großen Industrieanlagen. Der Oberfinanzpräsident hat seinen Teil des Grundstückes durch die Vermögensverwertungsstelle (siehe Seite 214) von jüdischen Deportierten beschlagnahmt. Auf diesem Areal lässt Speer im Herbst 1943 das Doppellager 75/76 errichten. Es gehört zu den über 600 Lagern, die Speer in der Stadt verwaltet. Insgesamt gibt es in Berlin mindestens 3.500, darunter auch kleine Lager.

Das geplante Doppellager wird bis Kriegsende nicht fertiggestellt. Nur die vorhandenen 13 Baracken mit 2.160 Zwangsarbeitern. Mit Maschendraht und Stacheldraht umzäunt, ist es eines der größten Lager im Stadtgebiet, gut einzusehen von den Anwohnern. Da seit Sommer 1943 Holzbauten aufgrund der Feuergefahr durch Bombenangriffe verboten sind, werden die Baracken aus Stein errichtet. Im »Italienerlager« hausen etwa 500 italienische Zwangsarbeiter, darunter Kriegsgefangene, in den anderen Unterkünften Zwangsarbeiter aus West- und Osteuropa. Die Gefangenen werden für die Baustellen Speers, in seinen Rüstungsbetrieben, im Reichsbahnausbesserungswerk, für Luftschutz- und Lagerbauten und zur Trümmerbeseitigung nach Luftangriffen eingesetzt.

Im November 1944 belegt das KZ Sachsenhausen zwei Baracken als Außenlager. Sie sind von den anderen Behausungen wegen verschärfter Haftbedingungen mit Stacheldraht getrennt. Dort bringt man etwa 200 Frauen für die nahe gelegene Batteriefabrik »Pertrix« (VARTA) unter. In zwei Schichten zu je zwölf Stunden müssen sie schwere, gesundheitsschädliche Arbeiten ohne Schutz gegen die ätzenden Säuren verrichten.

Adresse Britzer Straße 5, 12439 Berlin-Niederschöneweide | **ÖPNV** S 8, S 9, S 45, S 46, Haltestelle Schöneweide, dann 10 Minuten Fußweg, oder Bus 160, 167, Haltestelle Dokumentationszentrum | **Und heute** Elf der 13 Baracken sind erhalten. In mehreren Baracken befinden sich das »Dokumentationszentrum NS-Zwangsarbeit« und eine Dauerausstellung. Geöffnet Di–So 10–18 Uhr, Tel. 030/63902880, www.dz-ns-zwangsarbeit.de.

9 Das Atelier Arno Breker
Gebärer germanischer Giganten

»Der Zehnkämpfer« und »Die Siegerin« 1936 für das Olympiastadion, die Partei als »Fackelträger«, die Wehrmacht als »Schwertträger«, »Genius« und »Sieger« 1939 für die Neue Reichskanzlei und »Der Rächer«, »Kameraden«, »Vernichtung« und »Opfer« von 1940 – das sind Skulpturen und Reliefs nach Hitlers Geschmack. Sie verkörpern den gesunden, »arischen« Menschentyp und die Ideale der Rassenlehre. Arno Breker (1900–1991) kann nach eigenen Aussagen »von Muskeln nicht genug kriegen«. Seine heroischen Monumentalfiguren sollen die neue Kunst des »Tausendjährigen Reichs« manifestieren, im Gegensatz zur verhassten »Entarteten Kunst«.

Seine rasante Karriere beginnt Arno Breker in Nazideutschland 1936. Er wird von Hitler und Goebbels gefördert und mit Staatsaufträgen überhäuft. Eng arbeitet er mit Albert Speer zusammen. Breker soll für die Neugestaltung Berlins zur Hauptstadt des »Großgermanischen Reichs Germania« steinerne Mammutstatuen meißeln. In der Reichskulturkammer Goebbels' bestimmt er in der Abteilung Bildende Künste, welche Künstler Aufträge erhalten, wer was ausstellen darf. 1939 bezieht er ein neues Domizil in der Grunewalder Königsallee 65, eine Villa, die dem 1922 ermordeten Walter Rathenau gehörte und »arisiert« wurde. 1940 bekommt er zu seinem 40. Geburtstag von Hitler in Wriezen östlich von Berlin ein riesiges Areal mit Schloss und gigantischen Steinbildhauerwerkstätten geschenkt – zur Herstellung seiner monströsen Figuren für das Nürnberger Parteitagsgelände und für »Germania«. Zur Unterstützung verpflichtet sind 50 Kriegsgefangene und Zwangsarbeiter. Dazu verfügt er über ein Großraumatelier am Käuzchensteig in Berlin-Dahlem.

Als »Mitläufer« entnazifiziert, geht es nach dem Krieg erfolgreich weiter. Breker schafft Bronzebüsten von Bundeskanzler Konrad Adenauer, von Wirtschaftsminister Ludwig Erhard, vom Chef der Deutschen Bank Hermann Josef Abs.

Adresse Käuzchensteig 10, 14195 Berlin-Dahlem | **ÖPNV** Bus 115, Haltestelle Finkenstraße | **Und heute** In seinem erhaltenen Atelier hat die Bernhard-Heiliger-Stiftung neben dem Brücke-Museum ihren Sitz.

10 Der Bahnhof Friedrichstraße
Kinderverschickung nach England

Vom Bahnhof Friedrichstraße fährt der erste jüdische Kindertransport mit 196 Kindern am 1. Dezember 1938 ab. Darunter befinden sich mehrere aus dem jüdischen Waisenhaus Pankow. Es folgen weitere Kindertransporte, auch von anderen Berliner Bahnhöfen. Von Anfang Dezember 1938 bis Kriegsbeginn am 1. September 1939 duldet das NS-Regime die Rettung von etwa 10.000 jüdischen Kindern aus Deutschland, Österreich, Polen und der Tschechoslowakei nach England. Jedes der Kinder im Alter von zwei bis 16 Jahren ist mit einer Nummer versehen. Auch die Niederlande, Belgien und Frankreich nehmen Kinder und Jugendliche auf. Ihr Schicksal ist nach der Okkupation dieser Länder ungewiss.

Auf den Bahnhöfen, so auch am Bahnhof Friedrichstraße, dürfen die Eltern ihre Kinder nicht bis zum Bahnsteig begleiten. Um zu vermeiden, dass Eltern noch im letzten Moment ihre Kinder festhalten und sich die Kinder an ihre Eltern klammern, finden die Verabschiedungen in einem abgesperrten Wartesaal oder einem abgelegenen Teil des Bahnhofs statt. Die Reisen nach England bewacht die Gestapo (siehe Seite 80) bis zur deutschen Grenze bei Aachen, dann fahren die Züge in der Obhut von niederländischen Helfern nach Hoek van Holland, von wo es per Schiff weitergeht.

Organisiert werden diese Rettungsaktionen von den britischen und deutschen jüdischen Gemeinden und den Quäkern (siehe Seite 158). In England nehmen britische Pflegefamilien und Heime die Kinder und Jugendlichen auf, unterstützt durch Spenden der Bevölkerung. Die meisten Eltern werden nach der Abreise ihrer Kinder in Vernichtungslager deportiert. Schwere Traumata belasten diese Kinder ihr Leben lang.

Frank Meisler ist einer der Geretteten. Er ist damals zehn Jahre alt. Drei Tage nach seiner Verschickung nach England werden seine Eltern in das Warschauer Ghetto deportiert und anschließend nach Auschwitz. Er hat das Denkmal am Bahnhof Friedrichstraße geschaffen.

Adresse Bahnhof Friedrichstraße, Georgenstraße, 10117 Berlin-Mitte | **ÖPNV** U 6, S 1, S 2, S 5, S 7, S 25, S 75, Haltestelle Friedrichstraße | **Und heute** Eine Skulpturengruppe erinnert an die Rettung der Kinder durch die Verschickung nach England. An der Bahnhofsfassade informieren Texte über die Rettungsaktion.

11_ Der Bahnhof Grunewald
Erwachsene nach Auschwitz 25 RM, Kinder die Hälfte

Die ersten zur Deportation bestimmten Berliner Juden müssen am 18. Oktober 1941 vom Sammellager in der Levetzowstraße (siehe Seite 192) bei strömendem Regen zu Fuß zum weit entfernten Bahnhof Grunewald gehen. Nur Alte, Kranke und kleine Kinder werden auf Lastwagen zum Gleis 17 transportiert, von dem aus an diesem 18. Oktober 1941 der erste »Sonderzug für Umsiedler« in das Ghetto von Lodz (Litzmannstadt) abfährt. SS und Schutzpolizisten bewachen die »Einwaggonierung« der über 1.000 Menschen. Eine Woche darauf gilt allgemeines Auswanderungsverbot. Nun sind alle Grenzen dicht. Die Juden können sich jetzt nur noch in den Tod deportieren lassen oder versuchen, versteckt im Untergrund irgendwie zu überleben.

Vom Bahnhof Grunewald geht es nun Zug auf Zug in Personenwagen 3. Klasse in die Ghettos Lodz, Riga, Kowno, Warschau und Minsk, jeweils mit etwa 1.000 Menschen. Ab Januar 1942 werden für die Deportation in die Ghettos und Vernichtungslager Güterwagen eingesetzt. In ihnen ist für jede Person weniger als ein halber Quadratmeter Platz. Der erste Transport nach Auschwitz verlässt den Bahnhof am 29. November 1942 mit ebenfalls etwa 1.000 Menschen. Der letzte Zug ab Grunewald am 27. März 1945 bringt noch 18 Juden in das Konzentrationslager Theresienstadt.

Vor den Abtransporten versorgen Mitarbeiter der Jüdischen Gemeinde die Menschen mit warmem Essen, Getränken und Proviantpaketen. Die nicht gehfähigen Alten und Kranken tragen sie auf Bahren zu den Waggons. Der Fahrpreis pro Person und Kilometer beträgt vier Pfennige, Kinder bis zehn Jahren zahlen die Hälfte. Für Kinder unter vier Jahren ist der Transport kostenlos. Den Fahrpreis müssen die Deportierten zuvor an die Gestapo zahlen. Mitnehmen dürfen sie bis zu 50 Kilo Gepäck und 50 Reichsmark. In den Wintermonaten erfrieren viele in den eisigen Viehwaggons während der mehrtägigen Fahrt in die Ghettos und Vernichtungslager.

Adresse Am Bahnhof Grunewald, 14193 Berlin-Grunewald | **ÖPNV** S 7, Haltestelle Grunewald, Bus M 19, 186, Haltestelle Bahnhof Grunewald | **Und heute** Am Gleis 17 informieren 184 Stahlgusstafeln über alle aus Berlin abgefahrenen Deportationszüge. An der Rampe erinnert ein Mahnmal und vor dem Bahnhofsgebäude eine Original-Eisenbahnschwelle an diesen Ort.

12 Das Ball- und Konzerthaus Clou

Vom Vergnügungspalast zum Deportations-Sammellager

Zuerst ist der Bau in der Zimmerstraße 1886 eine riesige Markthalle. Die schönen erhaltenen Steinmedaillons in der Fassade mit ihren Symbolen für Handel und Wirtschaft, Waage und Ware, erinnern noch daran. Dann wird die Halle 1910 umgebaut zum »Ball- und Konzerthaus Clou«, dem damals größten und prachtvollsten Tanz- und Vergnügungspalast Berlins. Die berühmtesten Orchester begeistern das Tanzpublikum, Militärkapellen heizen mit zackigen Märschen ein. Und Claire Waldoff kräht ihre frechen Gassenhauer in den Saal.

Als Gauleiter der Reichshauptstadt organisiert Joseph Goebbels (siehe Seite 176) im »Ballhaus Clou« am 1. Mai 1927 Adolf Hitlers erste Rede in Berlin. Da Hitler in Preußen noch öffentliches Redeverbot hat, tarnt man seinen Auftritt als geschlossene Parteiversammlung der NSDAP. Hitlers Kundgebung wird zu einer bejubelten Massenveranstaltung. Von nun an benutzt die Partei diesen Ballsaal für weitere Propaganda und Großdemonstrationen. Das dazugehörige Seitengebäude Zimmerstraße 88–91 belegt der Eher-Verlag, der Zentralverlag der NSDAP, mit seinen Redaktionen und Druckereien. Er bringt hier die Hetz-Zeitungen »Völkischer Beobachter«, »Der Angriff« und ab 1935 »Das Schwarze Korps« heraus.

1943 richtet die Gestapo im ehemaligen Tanzsaal ein Sammellager für die jüdischen Zwangsarbeiter ein, die wegen ihrer »Mischehe« mit einer nicht jüdischen Frau noch nicht deportiert wurden. Sie greift die Gestapo Ende Februar 1943 bei ihrer »Fabrikaktion« (siehe Seite 74) an ihren Arbeitsplätzen in den Rüstungsbetrieben und in ihren Wohnungen auf, verschleppt sie in das Sammellager »Ballhaus Clou«, verhört und foltert sie in den einstigen Weinkellern des Vergnügungspalastes. Ein Teil von ihnen wird deportiert, ein anderer Teil in das Sammellager in der Rosenstraße (siehe Seite 74) eingeliefert.

Bomben zerstören den Bau bis auf das Vorderhaus.

Adresse Zimmerstraße 90–91, 10117 Berlin-Mitte | **ÖPNV** U6, Haltestelle Kochstraße, Bus M29, Haltestelle Wilhelmstr./Kochstr. | **Und heute** Nur das Vordergebäude ist erhalten, in dem das Stasi-Informations- und Dokumentationszentrum seinen Sitz hat. An der Fassade erinnert eine Gedenktafel an das Sammellager »Ballhaus Clou«.

13   Der Berliner Dom
Für Nazipomp bestens geeignet

In der Domkirche am Lustgarten findet am 5. Februar 1933 eine besonders pompöse Trauerfeier statt: Am aufgebahrten Sarg des 25-jährigen Führers des »SA-Sturms 33 Charlottenburg«, Hans Maikowsky, wird ein nationalsozialistisches Ritual zelebriert. In einem Staatsakt trauert man um diesen »Märtyrer der Bewegung« und »Nationalhelden«. Zusammen mit seinen SA-Männern hatte Maikowsky bis 1933 mehrere Regimegegner ermordet. Maikowsky wurde am 30. Januar 1933 nach dem Fackelzug bei einer Schlägerei mit Kommunisten in der Charlottenburger Wallstraße (heute Zillestraße) von einem SA-Kameraden versehentlich erschossen, als Täter wurden die Kommunisten beschuldigt. Bei der Trauerfeier ist die gesamte NS-Riege angetreten, allen voran Hitler. Die Trauerreden halten der evangelische Reichsbischof Ludwig Müller, ein fanatischer Nationalsozialist, Hermann Göring und Joseph Goebbels.

In der Domkirche wird auch ein ebenso pompöses Freudenfest gefeiert: Am 10. April 1935 heiraten Hermann Göring und die Schauspielerin Emmy Sonnemann. Drei Monate lang haben die Partei und die Stadt dieses Ereignis wie eine glorreiche Fürstenhochzeit vorbereitet. Bei der standesamtlichen Zeremonie ist Hitler Trauzeuge. Die kirchliche Trauung vollzieht ebenfalls Reichsbischof Müller. In einem strahlend weißen Hochzeitskleid erscheint die geschiedene Braut, Göring in selbst entworfener Galauniform mit Orden, Schärpe und Silbersäbel. Das Innere der Kirche gleicht einem Blumenmeer. Anwesend sind die gesamte Regierung, das Diplomatische Korps und der deutsche Hochadel. Als der Brautzug den Dom verlässt, salutiert ein Ehrenspalier der Luftwaffe mit gezogenen Degen. Dann geht es zum Empfang und Galadiner in das Hotel Kaiserhof (siehe Seite 108).

Ende Mai 1944 zerstören Bombenangriffe den Dom mit seiner Kuppel. Erst 1993 kann er wieder gänzlich hergestellt und erneut eingeweiht werden.

Adresse Am Lustgarten, 10178 Berlin-Mitte | **ÖPNV** S 5, S 7, S 75, Haltestelle Hackescher Markt, Bus 100, 200, Haltestelle Lustgarten | **Und heute** Der Dom beeindruckt durch die prachtvolle Ausstattung des Innenraumes. Lohnenswert sind der Besuch der Hohenzollerngruft sowie ein Kuppelaufstieg mit Blick über die Innenstadt.

14 Black Else Blochwitz
Als Luftschutzwart Kellerverstecke ausfindig machen

Schon Ende der 1920er Jahre veröffentlicht die Schriftstellerin Else Blochwitz (1899–1992) vehemente Artikel gegen die Nationalsozialisten. Ihre couragierten Publikationen gefallen dem Berliner Gauleiter Goebbels so sehr, dass er sie zu einer Zusammenarbeit einlädt. Sie weist sein Angebot zurück. Der gekränkte Goebbels setzt Spitzel auf sie an.

Nach der verschärften Verfolgung der Juden durch die Nürnberger Gesetze von 1935 fühlt sie sich umso mehr verpflichtet, Juden zu helfen. Es beginnt damit, dass sie die beiden jungen Schwestern Herta und Käthe Arndt als angebliche Untermieterinnen in ihre Wohnung am Kurfürstendamm 177 aufnimmt. Deren Mutter Rosalie haust in einem anderen Versteck und hält sich tagsüber bei ihren beiden Töchtern auf. Else Blochwitz versorgt die drei Frauen mit Lebensmitteln, Kleidung und Geld. Durch ihre Hilfe kann Käthe Arndt 1938 nach Nordborneo emigrieren. Hertas Flucht ins Ausland misslingt, und sie muss bei Siemens in Spandau Zwangsarbeit leisten. Im November 1941 werden Herta und ihre Mutter Rosalie nach Minsk deportiert. Rosalie wird mit Tausenden Juden in Minsk erschossen, Herta in den Gaskammern von Lublin ermordet. Black Else Blochwitz versteckt weiter untergetauchte Juden in ihrer Wohnung – dabei stellt sie sich immer nur mit dem Tarnnamen »Black« vor. Die meisten kann sie nur für eine Nacht oder für eine Woche aufnehmen. Um in Kellern Unterschlupfmöglichkeiten für Juden ausfindig zu machen, lässt sie sich zum Luftschutzwart ausbilden. In ihren Verstecken versorgt sie sie mit dem Nötigen. Wie vielen sie hilft, ist nicht bekannt. Überliefert sind unter anderen die Namen der Familien Löwenstein und Levin, des Ehepaars Ruschin, von Walter Marx, Dora Kanner, Marga Nebel und Rita Grabowski.

Black Else Blochwitz überlebt und veröffentlicht nach dem Krieg ihren Gedichtband »Flügel im Wind«.

Adresse Kurfürstendamm 177, 10707 Berlin-Charlottenburg | **ÖPNV** U 7, Haltestelle Adenauerplatz, Bus 101, Haltestelle Olivaer Platz | **Und heute** An der Stelle des Hauses 177 steht ein moderner Neubau. Eine Gedenktafel für Black Else Blochwitz fehlt.

15 — Die Blindenwerkstatt
Otto Weidt rettet seine Bürstenmacher

In der Rosenthaler Straße 39, nahe dem Hackeschen Markt in Berlin-Mitte, beschäftigt der fast blinde Bürstenmacher Otto Weidt (1883–1947), unterstützt von seiner Ehefrau Else, von 1940 bis 1945 über 30 blinde und taubstumme Juden, um sie vor der Deportation zu retten. Seine Bürstenwerkstatt stellt Bürsten, Besen und Pinsel für die Wehrmacht her und ist somit ein »wehrwichtiger Betrieb«. Dadurch werden die bei ihm beschäftigten Juden vorerst nicht deportiert. Für seine Produktion liefert ihm die Wehrmacht Pferdeschwänze von an der Ostfront krepierten Pferden. Einen Teil seiner Waren tauscht er auf dem Schwarzmarkt für seine Belegschaft gegen Geld, Lebensmittel, Kleider und gefälschte Ausweise. Diese Tauschgeschäfte betreibt er auch mit bestechlichen Gestapo-Männern.

Immer wieder gelingt es ihm, zur Deportation abgeholte Juden aus den Sammellagern zurückzuholen. Vier Verfolgte der Familie Horn versteckt er in einer geheimen Werkstattkammer hinter einem Kleiderschrank. In zahlreichen weiteren Verstecken verbergen Otto Weidt und seine Ehefrau Else die Familie Licht und viele andere.

Bei der »Fabrikaktion« (siehe Seite 74) Ende Februar 1943, während der etwa 7.000 Berliner Juden an ihren Arbeitsplätzen und in ihren Wohnungen ergriffen und deportiert werden, holt man auch fast alle seiner Schützlinge ab. Die Familien Horn und Licht werden durch Denunziation verraten, aus ihren Verstecken geholt und ebenfalls deportiert. Nun schickt Weidt ihnen Lebensmittelpakete nach Theresienstadt und fährt selbst nach Auschwitz, um »seinen« Juden Pakete zu bringen. Er reist zu seiner engen Vertrauten Alice Licht in das KZ Christianstadt und hilft ihr, aus dem Lager zu fliehen.

Eine der vielen, die er rettet, ist die junge Inge Deutschkron, die er mit einem gefälschten Ausweis für Büroarbeiten beschäftigt. Wie viele Juden er und seine Ehefrau Else retten können, ist nicht bekannt.

Adresse Rosenthaler Straße 39, 10178 Berlin-Mitte | **ÖPNV** S 5, S 7, S 75, Haltestelle Hackescher Markt, U 8, Haltestelle Weinmeisterstraße | **Und heute** In den erhaltenen Räumen befindet sich das Museum Blindenwerkstatt Otto Weidt (Öffnungszeiten Mo–So 10–20 Uhr, Tel. 030/28599407, www.museum-blindenwerkstatt.de). Im Hof gibt es die Dauerausstellungen »Stille Helden« und »Anne Frank«.

16 Das Bonhoeffer-Haus
Dem Rad in die Speichen fallen

Dietrich Bonhoeffer (1906–1945), Sohn des Psychiaters und Neurologen Karl Bonhoeffer, warnt als evangelischer Pfarrer und Theologe bereits am 1. Februar 1933 in einem Rundfunkvortrag vor dem »Führer«. Da wird die Sendung abgeschaltet. In seiner Schrift »Die Kirche vor der Judenfrage« bezeichnet er es als christliche Pflicht, sich für die verfolgten Juden einzusetzen. Als Gegenreaktion zur nationalistischen, antisemitischen evangelischen Kirchenpartei »Deutsche Christen« gründen Bonhoeffer und andere im Mai 1934 die widerständige »Bekennende Kirche«. In seinem Predigerseminar in Finkenwalde bei Stettin bildet er Prediger für die »Bekennende Kirche« aus. Bald darauf schließt die Gestapo sein Predigerseminar, entzieht ihm die Lehrerlaubnis und erteilt ihm Redeverbot. Doch Bonhoeffer lässt sich den Mund nicht verbieten.

Sein Schwager Hans von Dohnanyi ist seit 1939 beim Oberkommando der Wehrmacht im Amt Ausland/Abwehr bei Wilhelm Canaris tätig und bereitet dort mit oppositionellen Militärs Hitlers Sturz vor. In Dohnanyis Auftrag reist Bonhoeffer 1941 und 1942 in die Schweiz, nach Norwegen und Schweden, um Kontakte für den geplanten Umsturz zu knüpfen.

Konspirative Treffen mit Familienmitgliedern und Freunden finden jahrelang in der Marienburger Allee 43 in Charlottenburg statt. Hier verhaftet ihn die Gestapo am 5. April 1943, liefert ihn in das Untersuchungsgefängnis der Wehrmacht in Tegel ein und verhört ihn zwei Jahre lang in der Prinz-Albrecht-Straße. Im Februar 1945 bringt man ihn in das KZ Buchenwald und einen Monat darauf in das KZ Flossenbürg. Dort wird Dietrich Bonhoeffer am 8. April 1945 durch ein SS-Standgericht wegen Hoch- und Landesverrat zum Tode verurteilt und am nächsten Morgen gehängt. Ebenso werden sein Bruder Klaus, seine Schwäger Rüdiger Schleicher und von Dohnanyi, die beide im Widerstand aktiv sind, im April 1945 hingerichtet.

Adresse Marienburger Allee 43, 14055 Berlin-Charlottenburg | **ÖPNV** S 5, Bus M 49, X 34, X 49, Haltestelle S-Bahn Heerstraße, dann jeweils 10 Minuten Fußweg | **Und heute**
Im Bonhoeffer-Haus ist eine Erinnerungs- und Begegnungsstätte eingerichtet. Eine Dauerausstellung informiert über sein Leben und Werk. Tel. 030/3019161, www.bonhoeffer-haus-berlin.de.

17 — Die Bücherverbrennung
Studenten als Feuerteufel

Am Abend des 10. Mai 1933 regnet es in Strömen. Studenten der nationalsozialistischen »Deutschen Studentenschaft« schaffen auf Lastwagen etwa 30.000 Bücher zum Opernplatz, die sie anhand von »Schwarzen Listen« aus Bibliotheken geraubt hatten: Bücher von etwa 130 verhassten Autoren. Zugleich marschieren vom Gendarmenmarkt 5.000 Studenten in SA- und SS-Uniformen mit brennenden Fackeln unter dem Spruchband »Wider den undeutschen Geist« zum Opernplatz. Voran schreiten Musikkapellen der SA und SS sowie mehrere Magnifizenzen der Friedrich-Wilhelms-Universität. Aus Holzbalken hat man einen Scheiterhaufen vorbereitet, darunter Sand aufgeschüttet, damit das Pflaster durch den Brand nicht beschädigt wird. Man schüttet Benzin auf das Holz, die Studenten werfen ihre lodernden Fackeln darauf, schleudern im Scheinwerferlicht und bei Marschmusik die Bücher in das Feuer und verkünden ihren »Feuerspruch«: »Ich übergebe der Flamme die Schriften von …«

Da Bücher wegen ihrer Kompaktheit nur schlecht brennen, noch dazu bei diesem strömenden Regen, hilft ein Pyrotechniker der Beschleunigung der Flammen nach. Schließlich brennen die Werke von Thomas Mann, Heinrich Mann, Anna Seghers, Erich Maria Remarque, Lion Feuchtwanger, Irmgard Keun, Erich Kästner, Kurt Tucholsky, Carl von Ossietzky, Else Lasker-Schüler, Heinrich Heine, Franz Kafka, Bertolt Brecht …

Tausende von Schaulustigen drängen sich um dieses Spektakel, johlen, wenn die Bücher in das Feuer geworfen werden. Ein Volksfest, bei dem heiße Würstchen verkauft werden. Um Mitternacht erscheint Joseph Goebbels. Er hat diese Aktion nicht angeordnet, ist freudig erstaunt über dieses Unternehmen, steigt auf ein mit Hakenkreuzfahnen geschmücktes Podest und beschwört mit einer »Feuerrede« den »deutschen Geist«.

Zur gleichen Zeit finden auch in 21 anderen Universitätsstädten des Reiches derartige Bücherverbrennungen statt.

Adresse Bebelplatz, 10117 Berlin-Mitte | **ÖPNV** S 1, S 2, S 5, S 7, S 25, S 75, Haltestelle Friedrichstraße, dann 10 Minuten Fußweg, U 6, Haltestelle Französische Straße, Bus 100, 200, Haltestelle Staatsoper | **Und heute** Unter einer Glasplatte auf dem Platz erinnern unterirdische leere Bücherregale an die Bücherverbrennung.

18 Das Columbia-Haus
Die Schreie sind draußen zu hören

Im Sommer 1933 ist das »Hausgefängnis« der Gestapo in der Prinz-Albrecht-Straße überbelegt. Als Ausweichgefängnis benutzt man das Columbia-Haus in der Tempelhofer Columbiastraße (heute Columbiadamm), ehemals preußische Militärarrestanstalt. Doch schnell sind auch diese 156 Einzelzellen mit 450 Gefangenen überfüllt. Bewacht werden die eingelieferten Kommunisten, Sozialdemokraten, Gewerkschafter und des Widerstandes Verdächtige vom »SS-Totenkopfverband Brandenburg«.

Das »wilde« Konzentrationslager Columbia-Haus existiert von 1933 bis 1936. In diesen dreieinhalb Jahren werden über 8.000 Menschen durchgeschleust. Zu den Gefangenen, die anschließend in Konzentrationslagern oder Hinrichtungsstätten ermordet werden, gehören unter vielen anderen der Sozialdemokrat Ernst Heilmann (siehe Seite 60), der KPD-Vorsitzende Ernst Thälmann und Richard Hüttig (siehe Seite 186). Einer der wenigen freigelassenen Häftlinge ist Robert Kempner, der spätere stellvertretende Chefankläger bei den Nürnberger Prozessen.

Viele überleben die grauenhaften Foltern nicht oder werden vom SS-Wachpersonal erschossen. Durch eine persönliche Intervention verhindert Hitler, dass sich die Justiz mit den Vorgängen in dem Gefängnis befasst. Im Dezember 1934 unterstellt Heinrich Himmler das Columbia-Haus Theodor Eickes »Inspektion der Konzentrationslager«. Aus dem Gestapo-Gefängnis wird das »Konzentrationslager Columbia«. Einer der brutalsten Kommandanten ist Karl Otto Koch, der spätere KZ-Kommandant von Sachsenhausen und Buchenwald und des Vernichtungslagers Lublin-Majdanek.

Aufgrund des neu errichteten Konzentrationslagers Sachsenhausen wird das KZ Columbia im November 1936 aufgelöst. Die Gefangenen bringt man nach Sachsenhausen. Wegen der Erweiterung des Flughafens Tempelhof und der Anlage des Columbiadammes wird das Gebäude 1938 abgerissen.

Adresse Columbiadamm, Ecke Golßener Straße, 10965 Berlin-Tempelhof | **ÖPNV** Bus 104, Haltestelle Golßener Straße | **Und heute** An der Ecke Columbiadamm, Golßener Straße erinnert eine Eisenskulptur an das Konzentrationslager. Das »Columbia-Haus« befand sich auf der gegenüberliegenden Straßenseite.

19 Die Comedian Harmonists
Veronika, das Verbot ist da

Durch eine Anzeige im »Berliner Lokal-Anzeiger« sucht der 21-jährige Harry Frommermann am 18. Dezember 1927 für ein Vokalensemble »Berufssänger, nicht über 25 Jahre, mit sehr schön klingenden Stimmen«: Tenor, Bariton, Bass. In seiner Wohnung in der Stubenrauchstraße 47 in Berlin-Friedenau melden sich über 70 Sänger. Frommermann wählt fünf aus: Robert Biberti, Ari Leschnikoff, Roman Cycowski, Erich Collin und Erwin Bootz – mit ihm ein Sextett. Nach einigen Mühen treten sie als »Comedian Harmonists« in Revuen, Filmen und im Rundfunk auf, produzieren Schallplatten, machen Tourneen bis nach New York. »Wochenend und Sonnenschein«, »Das ist die Liebe der Matrosen«, »Mein kleiner grüner Kaktus«, »Ein Freund, ein guter Freund« und natürlich »Veronika, der Lenz ist da« gehören zu ihrem umfangreichen Repertoire.

Dann zerschlägt die Reichskulturkammer (siehe Seite 176) am 22. Februar 1935 die internationalen Erfolge dieses gefeierten Ensembles. Sie erteilt den drei Juden Frommermann, Collin und Cycowski Berufsverbot. Die nicht jüdischen Biberti, Leschnikoff und Bootz dürfen weiter auftreten, müssen sich aber anstelle von »Comedian Harmonists« einen »deutschen« Namen zulegen. Das Ensemble teilt sich auf. Die »arische« Gruppe nimmt drei neue Sänger auf und bleibt als »Meistersextett« in Deutschland. Wegen künstlerischer Differenzen zerfällt sie ab 1938 immer mehr und erhält schließlich im November 1941 Auftrittsverbot.

Die jüdische Gruppe mit Frommermann, Collin und Cycowski geht 1935 ins Ausland: nach Wien. Sie behält den Namen »Comedian Harmonists«, ergänzt sich ebenfalls durch drei neue Kollegen und veröffentlicht als erstes neues Lied »Drüben in der Heimat«. Nach dem »Anschluss« Österreichs an das Reich 1938 zerfällt auch dieses Sextett. Alle sechs Gründungsmitglieder der »Comedian Harmonists« überleben den Krieg, treten aber nicht mehr gemeinsam auf.

Adresse Stubenrauchstraße 47, 12161 Berlin-Friedenau | **ÖPNV** S 41, S 42, S 46, Haltestelle Bundesplatz, dann 10 Minuten Fußweg, U 9, Haltestelle Friedrich-Wilhelm-Platz, Bus 248, Haltestelle Görresstraße | **Und heute** An dem erhaltenen Wohngebäude erinnert eine Tafel an die Comedian Harmonists.

20 Die Deutsche Reichsbahn
Die Deportationszüge verkehren fahrplanmäßig

In dem Gebäudekomplex Wilhelmstraße, Ecke Voßstraße haben das Reichsverkehrsministerium und die Generaldirektion der Deutschen Reichsbahn ihren Sitz. Reichsverkehrsminister Julius Dorpmüller (1869–1945) ist zugleich der Generaldirektor der Reichsbahn. Sein Stellvertreter ist ab Mai 1942 Albert Ganzenmüller (1905–1996).

Außer Kriegsmaterial und Truppen zu den Fronten transportiert die Reichsbahn Juden in die Ghettos und Vernichtungslager, die kalkuliert an gut ausgebauten Bahnstrecken errichtet sind. Die Aufträge für ihre Judentransporte erhält sie von Heydrichs und später Kaltenbrunners Reichssicherheitshauptamt (siehe Seite 178). Die Bearbeitung der Aufträge ist für die Reichsbahn in enger Zusammenarbeit mit Eichmanns Judenreferat (siehe Seite 52) ein normaler Geschäftsvorgang. Ab 1942 setzt sie überwiegend Güterwagen für die Deportationen ein.

Drei Millionen europäische Juden befördert die Reichsbahn in die sechs Vernichtungslager. Allein aus Berlin schickt sie über 55.000 Menschen mit 184 Transporten in den Tod, darunter 123 Transporte nach Theresienstadt und 36 Züge nach Auschwitz. Bei den Rückfahrten ins Reich füllt sie die Waggons mit sowjetischen und polnischen Zwangsarbeitern. Die Rechnungen für die Zugeinsätze schickt die Reichsbahn an das Reichssicherheitshauptamt. Für Dorpmüller und Ganzenmüller gilt als höchstes Gebot: akkurate Pünktlichkeit der Transporte im ordentlichen Fahrplansystem.

Julius Dorpmüller stirbt im Juli 1945. Albert Ganzenmüller flieht 1947 mit Hilfe des Vatikans nach Argentinien, kehrt 1955 in die Bundesrepublik zurück und leitet die Transportabteilung bei der Hoesch AG. 1973 wird gegen ihn wegen Beihilfe zum millionenfachen Mord an Juden ermittelt, doch der Prozess 1977 wegen Verhandlungsunfähigkeit eingestellt. Ganzenmüller stirbt 1996 im Alter von 91 Jahren. Kein leitender Reichsbahnangehöriger muss sich wegen der Judendeportationen verantworten.

Adresse Wilhelmstraße, Ecke Voßstraße, 10117 Berlin-Mitte | **ÖPNV** S 1, S 2, S 25, U 55, Haltestelle Brandenburger Tor, U 2, Haltestelle Mohrenstraße, Bus 200, Haltestelle U Mohrenstraße | **Und heute** An der Stelle der Deutschen Reichsbahn befindet sich derzeit eine Baustelle. In der Voßstraße steht noch ein Gebäuderest. Eine Foto- und Texttafel informiert über den Ort.

21 — Die Deutsche Reichsbank
In den Kellertresoren das Gold

Tief unten in den Kellertresoren der Deutschen Reichsbank lagern Tonnen von Devisen, Goldmünzen und Goldbarren. Sie stammen aus eigenen Reserven und aus den von der Wehrmacht überfallenen und ausgeraubten Ländern. Ein Teil stammt auch aus dem Besitz der deportierten und ermordeten Juden und aus ihrem eingeschmolzenen Zahngold.

Anfang Februar 1945 erhält das Gebäude der Reichsbank bei Bombenangriffen mehrere Volltreffer. Gleichzeitig überschreitet die Rote Armee die Oder und rückt in Schlesien ein. Für die Währungshüter des »Tausendjährigen Reichs« wird es Zeit, ihre Schätze vor dem Zugriff der Sowjets in Sicherheit zu bringen. So schafft man per Spezialkonvoi Anfang März 1945 einen Großteil der Gold- und Devisenvorräte nach Thüringen und lagert ihn in das Kalibergwerk Kaiseroda bei Merkers ein. Einen Monat darauf rücken US-Truppen in Merkers ein, entdecken den Reichsbankschatz und beschlagnahmen ihn. Goebbels tobt vor Wut.

Um den Rest in den Berliner Tresoren zu retten, beauftragt Hitler seinen persönlichen Adjutanten SS-Obersturmbannführer Friedrich Josef Rauch, die Devisen und das Gold in den oberbayerischen Alpen zu verstecken. So verlassen Mitte April 1945 die Sonderzüge »Adler« und »Dohle« mit Hunderten von Säcken voller Devisen Berlin. Zugleich transportiert ein Lkw-Konvoi, gesichert von der SS, Tonnen von Goldbarren und Goldmünzen in die Nähe von Mittenwald. Devisen und Gold werden mit Hilfe von Gebirgsjägern auf den Bergrücken am Walchensee vergraben. Andere Transporte werden nach Österreich geschafft. Gegen die Garantie des freien Geleits und der Straffreiheit verrät Hitlers »Sicherheitsbeauftragter« und SS-Obersturmbannführer Rauch den Amerikanern die Verstecke. Die Amerikaner willigen ein, holen das Gold aus den Gruben, und Rauch verschwindet als freier Mann und mit einem Teil des Reichsbankschatzes nach Argentinien.

Adresse Werderscher Markt 1, 10117 Berlin-Mitte | **ÖPNV** U 2, Haltestelle Hausvogteiplatz, U 6, Haltestelle Französische Straße, Bus 100, 200, Haltestelle Staatsoper | **Und heute** In dem umgebauten und modernisierten Gebäude hat das Bundesaußenministerium seinen Sitz. In den Untergeschossen befinden sich noch die Tresore der Reichsbank.

22 Eichmanns Judenreferat IV B 4
Der Organisator der Deportationen

Das Amt IV, die Gestapo, ist eines der sieben Ämter des Reichssicherheitshauptamtes und zuständig für »Gegnererforschung und Bekämpfung«. Darin ist die Amtsgruppe B zuständig für »Weltanschauliche Gegner« und darin wiederum das Referat 4 für »Juden- und Räumungsangelegenheiten«. Chef dieses Judenreferats ist ab 1941 SS-Sturmbannführer Adolf Eichmann (1906–1962) mit seinem Sitz in der Kurfürstenstraße 115 / 116 in Berlin-Schöneberg.

Eigentümer und Hauptnutzer dieses Gebäudes ist bis 1939 der jüdische Wohlfahrtsverein »Brüderverein zur gegenseitigen Unterstützung«. Er betreibt aktive Wohltätigkeit, Restaurants, Cafés, veranstaltet Festlichkeiten, Konzerte, Theateraufführungen auch des Jüdischen Kulturbundes. Nach dem Novemberpogrom 1938 lösen die Nationalsozialisten den Verein auf, ziehen sein Vermögen ein und richten im Februar 1939 in den Räumen unter der Leitung von Adolf Eichmann die »Reichszentrale für jüdische Auswanderung und Umsiedlung« ein. Hier müssen die Anträge auf Auswanderung gestellt werden. Allerdings bedeutet die Auswanderung auch den Verlust des gesamten Vermögens (siehe Seite 64). Mitte Oktober 1941 erfolgt das Auswanderungsverbot. Nun bleibt den Juden nur die Deportation oder ein Überleben im Versteck.

Nach dem Auswanderungsverbot etabliert Eichmann 1941 in dem Gebäude sein »Judenreferat IV B 4«. Im Rahmen der »Endlösung der Judenfrage« organisieren er und seine zahlreichen Mitarbeiter hier die Deportationen in die Ghettos und Konzentrations- und Vernichtungslager. Im angrenzenden Wohntrakt Nr. 115 ist in engsten Räumen ein Arbeitskommando aus etwa 30 Juden einquartiert, die vorerst von der Deportation ausgenommen sind.

Der Gebäudekomplex wird durch Bombenangriffe kaum beschädigt, aber dennoch 1961 abgerissen.

Adresse Kurfürstenstraße 115/116, 10787 Berlin-Schöneberg | **ÖPNV** U1, U2, U3, Bus M19, M46, Haltestelle Wittenbergplatz, dann 10 Minuten Fußweg, Bus M100, M29, Haltestelle Schillstraße | **Und heute** Auf dem Grundstück befindet sich das Hotel Sylter Hof. Die Bushaltestelle Schillstraße vor dem Hotel ist als Erinnerungsort gestaltet.

23 Die »Europäische Union«
Für ein befreites, sozialistisches Europa

Aus einem Netzwerk von mehreren unabhängig voneinander arbeitenden Widerstandskreisen gründen im Juli 1943 der Chemiker Robert Havemann (1910–1982), der Oberarzt im Moabiter Robert-Koch-Krankenhaus Georg Groscurth (1904–1944), der Zahnarzt Paul Rentsch (1898–1944) und der Architekt Herbert Richter (1901–1944) zusammen mit ihren Ehefrauen die Widerstandsgruppe »Europäische Union«. Ihr Treffpunkt: die Charlottenburger Rankestraße 19.

Nach der Niederlage in Stalingrad und der Landung der Alliierten auf Sizilien sehen sie den Nationalsozialismus kurz vor dem Zusammenbruch. So ist ihr großes Ziel ein befreites, demokratisches, sozialistisches und vereintes Europa. Zu ihrem Kreis gehören neben anderen Havemanns Kollegen am Pharmakologischen Institut der Friedrich-Wilhelms-Universität, Groscurths Mitarbeiter am Robert-Koch-Krankenhaus, die restlichen Mitglieder der zerschlagenen Uhrig-Gruppe (siehe Seite 212), sowjetische und französische Zwangsarbeiter sowie Otto Heppner und Adolf Kaim, die zur Sowjetarmee übergelaufen waren. Ähnlich wie die »Rote Kapelle« (siehe Seite 184) und die »Gruppe Herbert Baum« (siehe Seite 94) versteckt die »Europäische Union« Juden, beschafft ihnen Ausweise, Kleider, Geld und Lebensmittel und knüpft Kontakte mit Zwangsarbeitern. Die »Europäische Union« ist nur eineinhalb Monate tätig. Anfang September 1943 wird sie verraten. Die Gestapo verhaftet die vier Gründer sowie die meisten Mitglieder und deportiert die vom Widerstandskreis versteckten Juden nach Auschwitz. In zwölf Prozessen verurteilt der Volksgerichtshof von den 40 Angeklagten 16 zum Tode.

Groscurth, Richter und Rentsch werden im Mai 1944 im Zuchthaus Brandenburg enthauptet. Havemanns Hinrichtung wird wegen seiner kriegswichtigen Arbeit als Chemiker am Pharmakologischen Institut aufgeschoben. Die Rote Armee befreit ihn Ende April 1945 aus dem Zuchthaus Brandenburg.

Adresse Rankestraße 17–18, 10789 Berlin-Charlottenburg | **ÖPNV** U 3, Haltestelle Augsburger Straße, U 9, Haltestelle Kurfürstendamm, Bus 204, 248, Haltestelle Friedrich-Hollaender-Platz | **Und heute** Das ehemalige Haus Nr. 19 gibt es nicht mehr. Es stand dort, wo sich die Neubauten Nr. 17 und 18 befinden. Eine Hinweistafel fehlt.

24 Die Euthanasiezentrale
Zur Tarnung: »Aktion T4«

Auf seinem privaten Briefpapier mit dem Hoheitsadler in Gold ermächtigt Hitler im Oktober 1939 seinen Leibarzt Karl Brandt und den Leiter der »Kanzlei des Führers« Philipp Bouhler (1899–1945), Psychiatriepatienten, Behinderte und Geisteskranke zu töten. Euthanasie – übersetzt »Schöner Tod« – nennen die Nationalsozialisten diese Vernichtung »lebensunwerten Lebens«. Der für den Massenmord beauftragte, direkt Hitler unterstellte Philipp Bouhler und dessen Stellvertreter Viktor Brack (1904–1948) gründen hierfür die Zentrale in der Stadtvilla Tiergartenstraße 4 unter dem Decknamen »Aktion T4«.

Aus Heil- und Pflegeheimen werden Tausende Kranke und Behinderte als »Ballastexistenzen« in die Anstalten Grafeneck, Hadamar, Hartheim, Sonnenstein/Pirna, Bernburg und Brandenburg an der Havel gebracht und dort von Ärzten und Pflegepersonal durch Injektionen oder in Gaskammern durch Kohlenmonoxid ermordet. Nach kirchlichen Protesten, insbesondere durch den Münsteraner Bischof Clemens August Graf von Galen und den Berliner Dompropst Bernhard Lichtenberg (siehe Seite 208), wird die »Aktion T4« im August 1941 formal eingestellt, insgeheim jedoch weiterbetrieben.

Um die Konzentrationslager von »unnötigen« Häftlingen zu »entlasten«, ordnet Heinrich Himmler bereits im April 1941 die »Aktion 14f13« an. Bei diesem Aktenzeichen steht 14f für »Tod im KZ« und 13 für »Vergasung«. Die gleichen Ärzte der vorangegangenen »Aktion T4« transportieren nun kranke und damit arbeitsunfähige KZ-Häftlinge zu den Gaskammern in Bernburg, Sonnenstein und Hartheim. Insgesamt werden durch die »Euthanasie« über 200.000 Menschen ermordet.

Bouhler begeht im Mai 1945 Selbstmord. Brack wird durch ein amerikanisches Militärgericht im Juni 1948 in Landsberg/Lech durch den Strang hingerichtet. Die Villa in der Tiergartenstraße 4 wird durch Bombenangriffe schwer beschädigt und 1950 abgerissen.

Adresse Tiergartenstraße, Ecke Kemperplatz, 10785 Berlin-Tiergarten | **ÖPNV** S 1, S 2, S 25, Haltestelle Potsdamer Platz, U 2, Haltestelle Potsdamer Platz, Bus M 41, 200, Haltestelle Philharmonie, Bus M 48, M 85, Haltestelle Kulturforum | **Und heute** An der Stelle der damaligen Zentrale der »Aktion T4« entsteht derzeit ein Gedenk- und Informationsort.

25 Die Fahnenfabrik Geitel & Co.

Gelbe Sterne und Hakenkreuze am laufenden Band

Die »Berliner Fahnenfabrik Geitel & Co.« ist durch die Nationalsozialisten bestens im Geschäft. Sie stellt die Hakenkreuzfahnen aller Größen her, von den gigantischen Stoffbahnen bis zum Stammtischwimpel. Anfang August 1920 bestimmt Hitler die Hakenkreuzfahne zur offiziellen Fahne der NSDAP. Und ab Mitte September 1935 gilt sie als alleiniges Staatssymbol. Zur Zeit der Olympischen Spiele 1936 hat die Fahnenfabrik zusätzliche Hochkonjunktur. Alle Straßen werden so üppig mit haushohen Hakenkreuzbahnen beflaggt, dass man dahinter fast nicht mehr die Gebäude erkennt. Nach Kriegsbeginn kommen 1939 die Aufträge für die Stoffabzeichen »P« für die polnischen und 1941 die Abzeichen »OST« für die sowjetischen Zwangsarbeiter hinzu.

Ein Riesengeschäft macht die »Berliner Fahnenfabrik Geitel & Co.« auch mit den »Judensternen«. Als das Reichsinnenministerium und das Reichssicherheitshauptamt (siehe Seite 178) verordnen, dass von September 1941 an alle Juden ab sechs Jahren den gelben Stern tragen müssen, liefert die Fahnenfabrik prompt. Innerhalb weniger Tage produziert sie fast eine Million »Judensterne«, aufgedruckt auf langen Stoffrollen und verpackt in schweren Ballen. Der Auftrag bringt der Firma in kürzester Zeit 30.000 Reichsmark ein.

Für zehn Pfennig pro Stück müssen die Juden diesen Stern bei der Jüdischen Gemeinde kaufen. Sie müssen schriftlich bestätigen, das Stoffzeichen »sorgfältig und pfleglich« zu behandeln und den Stern deutlich sichtbar an der linken Brustseite in Herznähe an der Kleidung angenäht in der Öffentlichkeit und auch in der Wohnung zu tragen. Wer den Stern nicht ordnungsgemäß annäht oder ihn verdeckt, dem drohen Gefängnisstrafen oder Einlieferung in ein KZ. Ab März 1942 müssen die Juden den Stern auch an ihrer Wohnungstür anbringen.

Adresse Nordbahnstraße 17, 13359 Berlin-Wedding | **ÖPNV** S 1, S 25, S 85, Haltestelle Wollankstraße, Bus 250, Haltestelle Wollankstraße, Sternstraße | **Und heute** Das Fabrikgebäude an der Panke existiert noch zum großen Teil. In den Etagen haben sich Kleinunternehmen angesiedelt. Die Adresse ist nicht zu verwechseln mit der Nordbahnstraße in Berlin-Reinickendorf.

26 Die Familie Heilmann

Der Vater im KZ ermordet, die Familie kämpft weiter

Bereits Ende 1932 versuchen SA-Männer, den Vorsitzenden der SPD-Landtagsfraktion Ernst Heilmann (1881–1940) zu ermorden. Nachts brechen sie schießend in seine Wohnung ein. Die herbeigerufene Polizei nimmt die SA-Männer fest, lässt sie aber auf dem Revier wieder laufen. Als Jude und engagierter Sozialdemokrat im preußischen Landtag und im Reichstag weiß Ernst Heilmann, was nach dem 30. Januar 1933 auf ihn zukommen wird, trotzdem lehnt er eine Emigration ab. Er will sich den Nazis entgegenstellen – mit entsetzlichen Folgen.

Ende Juni 1933 wird Ernst Heilmann verhaftet, zuerst in das Columbia-Haus (siehe Seite 44) eingeliefert, dann in das Gefängnis des Polizeipräsidiums. Anschließend schafft man ihn in die KZs Sachsenhausen, Dachau und Buchenwald, in denen er brutal gefoltert wird. Nach sieben Jahren Tortur ermordet man ihn im KZ Buchenwald Anfang April 1940 durch eine Giftspritze. Seine Schwester Kläre haust in Verstecken und begeht 1943 Selbstmord.

Seine Ehefrau Magdalena Heilmann (1894–1986) ist mit ihren beiden Söhnen Peter und Ernst Ludwig und ihren Töchtern Eva und Beate weiter im Widerstand tätig. Nach der Ausbombung ihrer Wohnung findet die Familie eine Unterkunft in der nahe gelegenen Blücherstraße 61. Gemeinsam verstecken sie hier mehrere verfolgte Juden und Nichtjuden, wobei Eva und Ernst Ludwig für die Untergetauchten Lebensmittel besorgen. Peter nimmt Verbindung mit den Berliner Quäkern auf, die ebenfalls Verfolgten helfen, und knüpft Kontakte mit Oppositionellen. Durch sie kann er neue Unterkünfte und falsche Papiere für die Versteckten beschaffen. Im Oktober 1944 wird Peter Heilmann in ein Arbeitslager Albert Speers eingewiesen, kann im Februar 1945 fliehen und muss bis Kriegsende im Untergrund leben. Danach studiert er, wie seine Schwester Eva, an der Berliner Freien Universität. Die Mutter sowie Beate und Ernst Ludwig überleben ebenfalls.

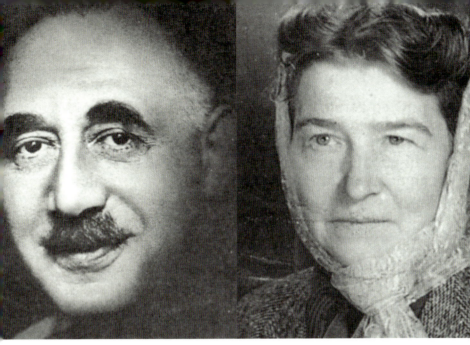

Ehepaar Ernst und Magdalena Heilmann

Adresse Blücherstraße 61 und Brachvogelstraße 5, 10961 Berlin-Kreuzberg | **ÖPNV** U 1, Haltestelle Hallesches Tor, U 7, Haltestelle Gneisenaustraße, dann jeweils 10 Minuten Fußweg, Bus M 41, Haltestelle Blücherstraße | **Und heute** Am erhaltenen Wohnhaus Blücherstraße 61 befindet sich keine Erinnerungstafel, wohl aber für Ernst Heilmann am Neubau Brachvogelstraße 5.

27 Die Feuerwache Kreuzberg
Die »Feuerlöschpolizei« verbrennt Kunstwerke

Auf Anweisung der Gestapo werden am 20. Mai 1936 im Heizungskeller des Kronprinzenpalais Unter den Linden zahlreiche Werke der sogenannten »Entarteten Kunst« verbrannt. Es sind Werke, die in der Nationalgalerie ausgestellt waren. Ein knappes Jahr darauf beauftragen Hitler und Goebbels im Juli 1937 den Präsidenten der Reichskammer der Bildenden Künste in der Reichskulturkammer, Adolf Ziegler, alle Werke der sogenannten »Entarteten Kunst« in allen Museen und Privatsammlungen des Reiches zu beschlagnahmen. So werden im September 1937 über 16.500 Bilder, Plastiken und Grafiken im Viktoriaspeicher, einem Getreidespeicher der Hafen- und Lagerhaus A.G., in der Köpenicker Straße 24a in Kreuzberg deponiert. Teile dieser »Produkte der Verfallszeit« werden in der Propagandaausstellung »Entartete Kunst« gezeigt und devisenbringend unter anderem in Luzern für das Ausland versteigert. 19 besonders wertvolle Werke nimmt Göring an sich, um sie teuer zu verkaufen.

Den »unverwertbaren Rest« verbrennt die »Feuerlöschpolizei« von Berlin-Kreuzberg mit ausdrücklicher Erlaubnis von Goebbels am 20. März 1939 unter dem Tarnnamen »Löschübung« im Hof ihrer Feuerwache in der ehemaligen Lindenstraße 40/41. Dabei vernichtet sie 1.004 Ölgemälde und 3.825 Aquarelle, Zeichnungen und grafische Blätter, auch von George Grosz, Otto Dix, Ernst Ludwig Kirchner, Max Ernst, Marc Chagall, Wassily Kandinsky, Paul Klee.

Die Geschichte der Kreuzberger »Feuerlöschpolizei« deutet diese Entwicklung an: Die neue Bezeichnung erhält die preußische Berufsfeuerwehr im Dezember 1933. Im Jahr darauf werden die »Feuerlöschpolizisten« auf Adolf Hitler vereidigt und im November 1938 im gesamten Reich der Ordnungspolizei unterstellt. Formal gehört sie nun Himmlers SS an. Sie trägt die grüne Uniform der Polizei, versehen mit dem Polizeihoheitsabzeichen mit Reichsadler und Hakenkreuz, und ist mit Pistolen bewaffnet.

Adresse Axel-Springer-Straße 40–41, 10969 Berlin-Kreuzberg | **ÖPNV** U6, Haltestelle Kochstraße, U2, Haltestelle Spittelmarkt, dann jeweils 10 Minuten Fußweg, Bus M29, 248, Haltestelle Lindenstraße, Oranienstraße | **Und heute** In dem noch erhaltenen Gebäude befinden sich das Stadtteilzentrum »Alte Feuerwache e.V.« und das Lokal »Brennbar«. Im Durchgang des Hauses erinnert eine Wandtafel und im Hof ein Mahnmal an die Verbrennung der Kunstwerke.

28 __ Das Finanzamt Moabit-West
Geld gegen Leben

Sofort nach dem 30. Januar 1933 verlassen auch Künstler, Schriftsteller und Journalisten, die bereits während der Weimarer Republik von den Nazis angegriffen wurden, fluchtartig das Land, darunter viele Juden. Durch das Ausbürgerungsgesetz vom Juli 1933 wird den ins Ausland Geflohenen die deutsche Staatsangehörigkeit entzogen. Und auf Anordnung des Reichsfinanzministers beauftragt im August 1933 der Oberfinanzpräsident Berlin das ihm unterstellte Finanzamt Moabit-West in der Luisenstraße 33–34, das hinterlassene Vermögen der Ausgebürgerten im gesamten Reich zu beschlagnahmen und zu verwerten. Organisiert wird die Beschlagnahme, indem die Gestapo den örtlichen Finanzämtern die Emigrierten meldet und die Finanzämter daraufhin ihre Akten an das zentrale Finanzamt nach Berlin schicken.

Ein permanenter Streit zwischen dem Berliner Finanzamt und der Gestapo entsteht dadurch, dass Letztere die Vermögen bereits an sich genommen hat, bevor das zentrale Berliner Finanzamt zugreifen kann.

Bei Auswanderungsabsichten, auch nur beim Verdacht einer Ausreise, kassiert dieses Berliner Finanzamt eine »Reichsfluchtsteuer« in Höhe von 25 Prozent auf das geschätzte vorhandene Vermögen.

Von 1933 bis zum Auswanderungsverbot im Oktober 1941 entzieht das Finanzamt Moabit-West etwa 32.000 Emigranten die deutsche Staatsangehörigkeit und beschlagnahmt ihr zurückgelassenes Eigentum. Den Hausrat lässt es durch die lokalen Finanzämter unter der Bevölkerung versteigern, die Wertpapiere und Bankguthaben gibt es an die Reichshauptkasse und Grundstücke an die Liegenschaftsverwaltung ab.

Nach dem Novemberpogrom 1938 fordert Hermann Göring von den deutschen Juden eine Zahlung von insgesamt einer Milliarde Reichsmark, wobei jeder Jude 25 Prozent seines Vermögens zu leisten hat. Auch für diese »Judenvermögensabgabe« ist das Finanzamt Moabit-West zuständig.

```
  -1-  Päckchen Kakao
  -1-  Säckchen Kakao
       diverse Süßigkeiten (Schokolade, Bonbon usw.)
       diverse Fleischbrühwürfel
  -1-  Päckchen Mühlenfrank
  -1-  Glas Honig
  -1-  Säckchen Zucker
  -1-  Etui mit Nagelschere, =feile usw.)
 -15-  Pakete Tabak
  -3-  Beutel Tabak
  -1-  Dose Tabak
  -4-  Pfeifen
 -74-  Schachteln Zigaretten
  -8-  Zigarettenetui mit Zigaretten
  -5-  Zigarrenetui mit 45 Zigarren
  -1-  kleine Schachtel Zigarren
 -12-  Zigarren in einem Briefumschlag
 -10-  Päckchen Zigarettenpapier
 -40-  verschiedene Zigaretten
  -3-  Tabakspfeifen
  -1-  Heizkissen
```

Adresse Luisenstraße 33–34, Ecke Schiffbauerdamm, 10117 Berlin-Mitte | **ÖPNV** U 6, S 1, S 2, S 5, S 7, S 25, S 75, Haltestelle Friedrichstraße | **Und heute** In dem erhaltenen Gebäude hat eine Abteilung des Deutschen Bundestages ihren Sitz. Eine Tafel zum Finanzamt Moabit-West fehlt.

29 Der Flakturm Humboldthain

Oben Geschütze – unten Munition und Luftschutzräume

Fast ein Jahr nach Kriegsbeginn greifen britische Bomber in der Nacht vom 25. zum 26. August 1940 zum ersten Mal Berlin an. Weitere Bombardierungen folgen nun Nacht für Nacht. Zur Abwehr befiehlt Hitler Anfang September 1940, in Parkanlagen sechs Hochbunker mit schweren Flugabwehrkanonen (Flak) zu errichten. Etwas entfernt davon werden zugehörige Leittürme gebaut. Die Bauskizzen dafür fertigt er selbst an. Durch die Organisation Todt (siehe Seite 148) und den massenhaften Einsatz von Zwangsarbeitern werden in Tag- und Nachtschichten allerdings nur drei solcher Anlagen fertig betoniert: im Tiergarten beim Zoologischen Garten, im Friedrichshain und im Humboldthain.

Der Flakturm Humboldthain wird in nur einem halben Jahr Bauzeit von Oktober 1941 bis April 1942 fertiggestellt. Die Außenhülle hat eine Wandstärke von 2,5 Metern und die Abschlussdecke eine Dicke von 3,8 Metern. Innerhalb der sechs Etagen befinden sich im Erdgeschoss die Munitionskammern. Aufzüge transportieren die Granaten zu den Gefechtsplattformen. Ebenfalls im Erdgeschoss und in der ersten und zweiten Etage sind für die Zivilbevölkerung Schutzräume mit etwa 15.000 Plätzen eingerichtet. Bei Luftangriffen sind sie stets überfüllt.

Die Anlage Tiergarten beim Zoologischen Garten sprengen die Briten von 1947 bis 1948 vollständig; davon ist heute nichts mehr zu sehen. Die Anlage Friedrichshain sprengt die Rote Armee im Mai 1946; von ihr sind noch Reste zu sehen. Die Anlage Humboldthain versuchen französische Truppen bis Mai 1948 mehrfach zu sprengen, müssen aber die nördliche Hälfte stehen lassen, um die nahe gelegenen Bahngleise nicht zu zerstören. Vom Leitturm Humboldthain stehen an der Gustav-Meyer-Allee auf einem Hügel noch einige Trümmer.

Adresse Brunnenstraße, 13355 Berlin-Gesundbrunnen | **ÖPNV** S 1, S 2, S 25, S 41, S 42, U 8, Haltestelle Gesundbrunnen, Ausgang Brunnenstraße, dann 10 Minuten Fußweg | **Und heute** Auf zwei Gefechtsplattformen ist je eine Aussichtsgalerie angelegt mit einem schönen Rundblick über Berlin. Eine Besichtigung der Bunkeranlagen durch »Berliner Unterwelten« ist lohnenswert. Tel. 030 / 49910517, www.berliner-unterwelten.de. Karten an der U-Bahn-Station Gesundbrunnen.

30_ Die Flucht des George Grosz

Die SA kommt zu spät, siegt aber doch

In der Trautenaustraße 12.1, Ecke Nassauische Straße in Berlin-Wilmersdorf hat einer der bedeutendsten Künstler des 20. Jahrhunderts sein Atelier: George Grosz. Bis zum 12. Januar 1933. Dann flieht er mit seiner Frau Eva nach New York. Einen Tag nach der Machtübergabe an Hitler brechen SA-Schläger mit Äxten seine Ateliertür auf. Alle Räume sind leer. Am 8. März 1933 wird Grosz die deutsche Staatsangehörigkeit entzogen, seiner Frau ein paar Monate später. Damit haben die Behörden Zugriff auf den gesamten hinterlassenen Besitz der Familie.

Schon lange vor 1933 setzen die Nationalsozialisten Grosz auf ihre Rote Liste. Seine expressionistischen, drastischen Bilder von fettfeisten Spekulanten und Kriegsgewinnlern, arroganten Militärs und korrupten Politikern, die Fratzen der Herrschenden, dazu die Not der Ausgebeuteten, die Kriegskrüppel und ausgehungerten Proletarier sind für die Nationalsozialisten »Entartete Kunst«. Das weiß Grosz und übergibt vor seiner Flucht den größten Teil seiner Bilder dem befreundeten jüdischen Galeristen und Kunsthändler Alfred Flechtheim in Kommission. Doch auch er muss 1933 fliehen, kann nur einen Teil der Bilder ins Ausland schaffen und stirbt 1937 in seinem Londoner Exil.

In Museen beschlagnahmen die Nazis fast 300 Werke von Grosz, verramschen oder verbrennen sie. In Galerien und bei Auktionatoren rauben sie 450 Gemälde und Tausende von Arbeiten auf Papier, vernichten sie oder lassen sie verschwinden. Als Grosz in New York von der Zerstörung seines Lebenswerkes erfährt, bricht er zusammen. Unbekannt in den USA und verbittert, schafft er nur noch wenig.

Als amerikanischer Staatsbürger kehrt George Grosz im Sommer 1959 im Alter von 66 Jahren nach Berlin zurück und stirbt bald darauf am 6. Juli 1959 an den Folgen eines Treppensturzes in seinem Wohnhaus am Charlottenburger Savignyplatz 5.

Adresse Trautenaustraße 12.1, 10717 Berlin-Wilmersdorf, und Savignyplatz 5, 10623 Berlin-Charlottenburg | **ÖPNV** Trautenaustraße: U3, Haltestelle Hohenzollernplatz, U9, Haltestelle Güntzelstraße; Savignyplatz: S5, S7, Bus M49, Haltestelle Savignyplatz | **Und heute** An beiden erhaltenen Wohngebäuden ist jeweils eine Gedenktafel angebracht.

31 Der Fotograf des »Führers«
Die Bildagentur Heinrich Hoffmann

Heinrich Hoffmann (1885–1957) beginnt seine Karriere 1915 mit einem kleinen Fotoatelier in München, tritt 1920 in die NSDAP ein, macht bald darauf die ersten Fotos von Hitler, die diesem so gefallen, dass er nur Hoffmann erlaubt, ihn aus nächster Nähe zu fotografieren, auch im privaten Kreis. Hoffmann hat damit das Monopol auf alle »Führer«-Porträts, die er zusammen mit Hitler-Fotobänden, Hitler-Postkarten, Hitler-Sammelbildern und Hitler-Wandschmuckbildern im eigenen Verlag mit einem Millionengewinn verkauft. Zehn Prozent davon bekommt sein Gönner. 1929 eröffnet er in München sein »Photohaus Hoffmann«, wo Hitler ein Jahr darauf die 18-jährige Eva Braun kennenlernt, die dort arbeitet.

Durch die Machtübernahme 1933 wächst Hoffmanns Unternehmen explosionsartig. 1934 etabliert er einen zweiten Firmensitz in der Kochstraße 10 in Berlin-Mitte, mitten im Zeitungsviertel. Durch seine privilegierte Position erscheinen seine Hitler-Fotos in allen nationalistischen Zeitungen, Zeitschriften und Schulbüchern. Als »Reichsbildberichterstatter« fotografiert er an allen Kriegsfronten.

Zusätzlich ist Hoffmann der Kunstberater und Kunsthändler Hitlers, wählt alljährlich die Gemälde zu den Großen Deutschen Kunstausstellungen in München aus, entscheidet über die »Entartete Kunst« und beteiligt sich am Kunstraub im Reich und in den okkupierten Ländern. 1943 verfügt er über ein Vermögen von sechs Millionen Reichsmark.

Bomben zerstören bei Kriegsende seine Bildagentur und sein Verlagshaus. Im Mai 1945 verhaftet man ihn in Oberbayern, verhört ihn beim Nürnberger Prozess nur als Zeugen, stuft ihn nach mehreren Entnazifizierungsverfahren in München 1950 nur als »Belastet« ein und beschlagnahmt einen Teil seines Vermögens. Heinrich Hoffmann stirbt 1957 im Alter von 72 Jahren, ohne dass er sich von seiner Hitler-Propaganda distanziert.

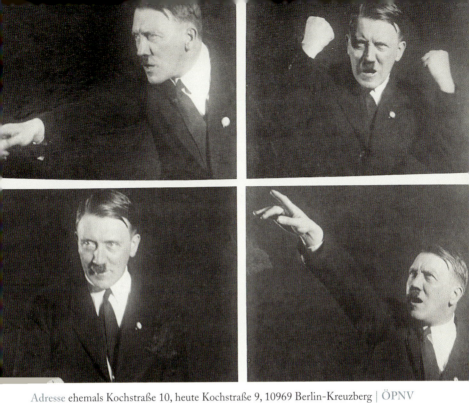

Adresse ehemals Kochstraße 10, heute Kochstraße 9, 10969 Berlin-Kreuzberg | **ÖPNV** U 6, Haltestelle Kochstraße, Bus M 29, Haltestelle U Kochstraße | **Und heute** Auf dem ehemaligen Grundstück Nr. 10 befindet sich die Senatsverwaltung Bildung, Jugend, Wissenschaft, Kochstraße 9. Eine Hinweistafel auf den damaligen Ort fehlt.

32 Das Frauengefängnis Barnimstraße

Letzte Station vor der Enthauptung

Das Frauengefängnis in der Barnimstraße 10 in Berlin-Friedrichshain ist schon früh ein Untersuchungs- und Strafgefängnis für politische Häftlinge. Während der NS-Zeit warten in den Zellen Frauen auf ihren Prozess vor dem Volksgerichtshof, der meistens mit einem Todesurteil endet.

Und nach den Prozessen ist die »Barnimstraße« für 300 Frauen die letzte Station vor ihrer Hinrichtung in Plötzensee (siehe Seite 102), darunter zahlreiche Frauen der Widerstandsgruppe um Herbert Baum, der »Roten Kapelle« und der Organisation um Saefkow, Jacob und Bästlein. Die normale Aufnahmekapazität beträgt 420 Gefangene. 1943 sind über 1.400 Frauen in den Zellen zusammengepfercht.

Todesurteile werden wegen geringfügiger Straftaten gegen »Volksschädlinge« verhängt und wegen Verteilens von Flugblättern, Hilfe für Verfolgte, Hörens ausländischer Sender, Zweifels am »Endsieg« oder »Wehrkraftzersetzung« wie bei der 44-jährigen Zeitungsausträgerin Emmy Zehden. Begründung: »Die Angeklagte Zehden hat es in den Jahren 1940 bis 1942 in Berlin unternommen, drei Wehrpflichtige durch Gewährung von Unterschlupf und Verpflegung der Erfüllung der Wehrpflicht zu entziehen.«

Emmy Zehden wird am 9. Juni 1944 in Plötzensee enthauptet. Durch die Vollstreckung des Todesurteils sind als Kosten entstanden: 120 Reichsmark für den Scharfrichter und seine Gehilfen, 2,55 Reichsmark für den Transport nach Plötzensee, 12,40 Reichsmark für Fahrzeit des Fahrers. Zusammen: 134,95 Reichsmark. Dazu kommen die Kosten für die Verpflegung durch die Anstalt während ihrer Haft und des Verfahrens durch den Volksgerichtshof. Den Angehörigen der Hingerichteten werden sämtliche Kosten in Rechnung gestellt.

Das Gebäude wurde nach 1945 weiter als Frauengefängnis genutzt und 1974 abgerissen.

Adresse Barnimstraße 10, Ecke Weinstraße, 10249 Berlin-Friedrichshain | **ÖPNV** S 5, S 7, S 75, U 2, U 9, Haltestelle Alexanderplatz, dann 20 Minuten Fußweg, Bus 142, 200, Haltestelle Moll-, Otto-Braun-Straße | **Und heute** Auf dem Areal betreibt der Bezirk Friedrichshain ein Jugendverkehrsübungsgelände. An der Ecke Barnimstraße, Weinstraße informiert eine Bild- und Texttafel über das Frauengefängnis.

33 Der Frauenprotest
»Gebt uns unsere Männer wieder!«

Um die in Berlin noch verbliebenen 11.000 Juden zu erfassen, dringen am frühen Morgen des 27. Februar 1943 Gestapo, Waffen-SS und Schutzpolizisten in etwa 100 Fabriken und in die Wohnungen der Juden ein. Auch auf der Straße nimmt man sie fest. Diese sogenannte »Fabrikaktion« dauert mehrere Tage. Am Ende stellt man fest, dass man nur etwa 7.000 jüdische Zwangsarbeiter aufgegriffen hat. Der Grund: Etwa 4.000 Juden konnten während der Aktion untertauchen oder wurden zuvor gewarnt.

Die Festgenommenen werden zuerst in die Sammellager »Ballhaus Clou« (siehe Seite 32) in der Zimmerstraße, der Levetzowstraße (siehe Seite 192) und der Großen Hamburger Straße (siehe Seite 112) geschafft. Nach Überprüfung liefert man 2.000 in »Mischehe« lebende Männer, die mit nicht jüdischen Frauen verheiratet sind, in die Rosenstraße 2–4 ein. Alle anderen werden deportiert. Das Gebäude in der Rosenstraße gehörte der Sozialverwaltung der Jüdischen Gemeinde. Zwei Wochen hält man die Männer dort gefangen und prüft, in welchen jüdischen Verwaltungen sie deportierte Juden ersetzen können.

Während dieser Zeit versammeln sich vor dem Haus mehrere hundert Ehefrauen und Verwandte der Inhaftierten, bringen ihnen Lebensmittel und fordern ihre Freilassung. Wiederholt treibt die Polizei die Frauen auseinander, doch sie sammeln sich immer wieder neu. Und es werden immer mehr. Schließlich entlässt man die Inhaftierten, um sie in jüdischen Einrichtungen einzusetzen. Die demonstrierenden Ehefrauen können nicht wissen, dass ihre jüdischen Männer ohnehin für einen Arbeitseinsatz freigelassen werden. Der überaus mutige und einzigartige Protest der Frauen beweist, dass offener Widerstand in der NS-Zeit möglich ist.

Wenige Monate vor Kriegsende deportiert die Gestapo die meisten der damals freigelassenen Männer nach Theresienstadt. Bombenangriffe zerstören das Gebäude schwer. 1967 wird es abgerissen.

Adresse Rosenstraße 2–4, 10178 Berlin-Mitte | **ÖPNV** S 5, S 7, S 75, Haltestelle Hackescher Markt, Bus 100, 200, Haltestelle Spandauer Straße | **Und heute** Ein Denkmal und zwei Litfaßsäulen mit Bild- und Textdokumenten erinnern an die damaligen Ereignisse.

34 Der Führerbunker
Das Ende in der Betonhöhle

Im Garten der Alten Reichskanzlei betoniert das Bauunternehmen Hochtief von 1935 bis 1936 den Vorbunker und von 1943 bis 1944 den Hauptbunker des »Führerbunkers« mit über 30 kleinen Räumen. Baukosten: eineinhalb Millionen Reichsmark. Der »Führerbunker« liegt zwölf Meter tief in der Erde und hat etwa vier Meter dicke Wände und Decken aus Stahlbeton, durchzogen mit Eisenträgern.

Ende Februar, Anfang März 1945, während die sowjetischen Truppen an der Oder stehen und die westlichen Alliierten den Rhein bei Remagen überschreiten, verkriechen sich Hitler, sein enger Stab, seine Adjutanten und sein Führerbegleitkommando in die Betonkammern des Bunkers. In den engen, kalten und feuchten Räumen lärmen die Dieselgeneratoren für die Wasserpumpen und Luftfilter Tag und Nacht, Grundwasser dringt in die Räume, die Toiletten sind verstopft. Im Lazarett des Vorbunkers amputiert man Beine und Arme von Soldaten, »Fliegende SS-Standgerichte« erschießen in den Bunker geflüchtete Deserteure.

Am 19. März ordnet Hitler mit seinem »Nerobefehl« an, sämtliche Lebensgrundlagen der deutschen Zivilbevölkerung zu zerstören. Zu seinem 56. Geburtstag gratulieren ihm am 20. April noch seine engsten Mitarbeiter. Danach schickt er sie weg. Sie fliehen aus der Stadt, mitten durch die Straßenkämpfe der Roten Armee. Am Abend des 29. April 1945 heiraten Hitler und Eva Braun im Bunker. Am Nachmittag des 30. April, sowjetische Einheiten stehen 400 Meter vor dem Bunkereingang, begehen beide mit Zyankali Selbstmord. Hitler schießt sich zugleich mit einer Pistole in den Kopf. Die beiden Leichen werden vor dem Notausgang mit Benzin übergossen und verbrannt. Am nächsten Tag vergiften Joseph und Magda Goebbels ihre eigenen sechs Kinder – und töten sich anschließend selbst mit Zyankali. 1947 sprengen die Sowjets den Bunker, 1959 wird das Gelände dann eingeebnet.

Adresse Gertrud-Kolmar-Straße, Ecke In den Ministergärten, 10117 Berlin-Mitte | **ÖPNV** S1, S2, S25, U55, Haltestelle Brandenburger Tor, U2, Haltestelle Mohrenstraße, Bus 200, Haltestelle Behren-, Wilhelmstraße | **Und heute** Eine Rasenfläche und ein Parkplatz lassen nur ahnen, wo sich der Bunker befand. Informationen bietet eine Text- und Fototafel.

35 Die Führerschule
Fachmännische Abrichtung zum Massenmord

Die »Führerschule des Sicherheitsdienstes« in der Charlottenburger Schloßstraße 1a untersteht dem Reichssicherheitshauptamt (siehe Seite 178). Sie bildet Mitglieder der Geheimen Staatspolizei (siehe Seite 80), der Sicherheitspolizei, Kriminalpolizei, Waffen-SS, Ordnungspolizei und des Sicherheitsdienstes SD zu Führungskräften für den Kriegseinsatz aus. Die meisten Offiziere sind junge, auch promovierte Akademiker. Als »Einsatzgruppen« rücken sie im Gefolge der Wehrmacht in Polen, in die westlichen Länder, in den Balkan und in die Sowjetunion ein.

Vor allem in der Sowjetunion verüben die Killerkommandos der Einsatzgruppen in den Städten und auf dem Land von 1941 bis 1944 täglich Massenmorde. Sie erschießen große Teile der Zivilbevölkerung, kommunistische Funktionäre, Juden, Partisanen, Sinti und Roma; alle, die sich des Widerstands verdächtig gemacht haben, auch Frauen und Kinder. Sie zwingen zusammengetriebene Zivilisten, Gruben auszuheben, 40 Meter lang, fünf Meter breit, drei Meter tief, und erschießen sie an den Grubenrändern. Die Gruben nennen sie »Umsiedlungsgelände«. Sie sperren Bewohner von »überholten« Dörfern in Holzgebäude und verbrennen diese mitsamt den Eingeschlossenen. Ebenso setzen die Einsatzgruppen zur Tötung von Zivilisten Gaswagen ein.

Ihre Massenmorde an weit über einer Million Menschen telegrafieren sie in Form von exakten täglichen oder monatlichen »Ereignismeldungen« und »Tätigkeitsberichten« an das Berliner Reichssicherheitshauptamt. Dort werden diese »Erfolgsbilanzen« protokolliert und an weitere Dienststellen verteilt.

Im Einsatzgruppen-Prozess 1947/48 werden vier Todesurteile vollstreckt, die anderen zu Haftstrafen Verurteilten kommen 1958 wieder frei. Und im Ulmer Einsatzgruppen-Prozess von 1958 werden nur Haftstrafen von drei bis 15 Jahren mit vorzeitigen Entlassungen verhängt.

Adresse Schloßstraße 1a, 14059 Berlin-Charlottenburg | **ÖPNV** U 2, Haltestelle Sophie-Charlotte-Platz, S 41, S 42, S 46, Haltestelle Westend, jeweils 10 Minuten Fußweg, Bus 309, M 45, Haltestelle Schloss Charlottenburg | **Und heute** In dem noch vollständig erhaltenen Gebäude befindet sich das Bröhan-Museum. Eine Tafel fehlt.

36 Die Geheime Staatspolizei
Wer in der Kartei steht, ist verloren

Gründer der Gestapo ist Hermann Göring. Als preußischer Innenminister und Ministerpräsident bildet er im April 1933 das Geheime Staatspolizeiamt (Gestapa) mit seiner Geheimen Staatspolizei (Gestapo). Der Dienstsitz von Gestapa und Gestapo ist die Prinz-Albrecht-Straße 8, die ehemalige Kunstgewerbeschule. Ein Jahr darauf, 1934, übergibt Göring das Amt Reichsführer-SS Heinrich Himmler. Bereits davor richtet die Gestapo im Spätsommer 1933 im Sockelgeschoss des Südflügels ein »Hausgefängnis« mit 20 Zellen ein, das man 1936 auf 38 Zellen vergrößert. Als Durchgangsgefängnis werden hier von 1933 bis 1945 etwa 15.000 Häftlinge inhaftiert, nächtelang verhört und gefoltert, oft bis zum Tod. Nach den Verhören liefert man die Häftlinge in andere Gefängnisse oder KZs ein. Alles genau eingetragen in Karteien. Viele begehen in den Zellen des »Hausgefängnisses« Selbstmord.

Der erste Chef des Geheimen Staatspolizeiamtes ist Rudolf Diels, sein Nachfolger ist von 1939 bis 1945 Heinrich Müller (1900–?), der »Gestapo-Müller«. Er nimmt 1942 an der Wannseekonferenz (siehe Seite 220) über die »Endlösung der Judenfrage« teil und ist zuständig für die Vernichtung der Juden und für die Verfolgung der politischen, der weltanschaulichen und auch der potenziellen Gegner des NS-Regimes. Er bestimmt über die Einlieferung in Konzentrations- und Vernichtungslager. Als eigenes Personal stehen der Gestapo 1943 etwa 31.300 Angehörige zur Verfügung. Dazu helfen ihr Spitzel und Denunzianten bei der Überwachung der Bevölkerung.

Das Gebäude wird 1944 und 1945 durch Bombenangriffe fast völlig zerstört und 1956 gesprengt. Jahrzehntelang bleibt das Gelände eine Brache. Erst ab 1986 legt man Fundamentreste frei und entdeckt entlang der Niederkirchnerstraße Kellerräume und im Südflügel des Gebäudekomplexes den Hof und die Zellen des »Hausgefängnisses«.

Gestapo-Chef Heinrich Müller ist seit 1945 verschollen.

Adresse Niederkirchnerstraße 8, 10963 Berlin-Kreuzberg | **ÖPNV** S 1, S 2, S 25, Bus M 29, Haltestelle Anhalter Bahnhof, U 2, Haltestelle Potsdamer Platz, U 6, Haltestelle Kochstraße, Bus M 41, Haltestelle Abgeordnetenhaus | **Und heute** Auf dem Gelände befindet sich das Dokumentationszentrum »Topographie des Terrors« mit einer Freiluftausstellung. Geöffnet Mo–So 10–20 Uhr. Im südlichen Teil markiert ein Betonrahmen die Lage des »Hausgefängnisses«, www.topographie.de.

37 _ Der Generalbauinspektor
Zuständig für Großbauten, Deportationen, KZs, Rüstung

Auf den meisten Fotos mit Hitler, Himmler, Göring und Goebbels ist ein unauffälliger Herr in Zivil zu sehen. Ob auf dem von ihm gebauten Nürnberger Parteitagsgelände, in »seiner« Neuen Reichskanzlei (siehe Seite 140) oder auf dem Obersalzberg, immer ist dieser vornehme Herr zu sehen. Wäre da nicht seine Entourage, könnte man diesen zweitmächtigsten Mann der NS-Diktatur für harmlos halten.

1937 wird er von Hitler zum »Generalbauinspektor für die Reichshauptstadt« ernannt, zum »GBI«. Er soll Berlin zur gigantischen Welthauptstadt des »Großgermanischen Reiches Germania« umbauen. Seine Behörde am Pariser Platz 4 in Berlin-Mitte, vor dem Akademie der Künste, hat volle Verfügungsgewalt und ist alleinig dem »Führer« unterstellt. Fast täglich besucht ihn Hitler über die Ministergärten durch den Hintereingang und bewundert die monumentalen Modelle seines Lieblingsarchitekten.

Um das Baumaterial heranzuschaffen, vereinbart der Generalbauinspektor mit Himmler, Konzentrationslager in der Nähe von Steinbrüchen zu errichten und die Juden dorthin zur Materialbeschaffung zu deportieren. Mitfinanziert werden diese KZs vom Generalbauinspektor.

Nach dem tödlichen Flugzeugabsturz von Fritz Todt 1942 wird er sein Nachfolger als »Reichsminister für Bewaffnung und Munition«, ein Jahr darauf »Reichsminister für Rüstung und Kriegsproduktion«. Zuvor für den Bau an »Germania« und nun für seine Rüstungsbetriebe verwaltet er allein in Berlin mindestens 600 Zwangsarbeiterlager für KZ-Häftlinge, »Ost«-Arbeiter und Kriegsgefangene. Ihre Überlebensquote: 42 Prozent.

Im Nürnberger Prozess wird er 1946 wegen Kriegsverbrechen und Verbrechen gegen die Menschlichkeit zu 20 Jahren Haft verurteilt. Nach seiner Entlassung 1966 machen ihn seine Weißwäscherbücher und seine jüdische Gemäldesammlung vermögend. Sein Name: Berthold Konrad Hermann Albert Speer (1905–1981).

Adresse Pariser Platz 4, 10117 Berlin-Mitte | **ÖPNV** S 1, S 2, S 25, U 55, Bus 100, 200, M 85, Haltestelle Brandenburger Tor | **Und heute** Im neu errichteten Gebäude befindet sich wieder die Akademie der Künste. Eine Tafel mit dem Hinweis auf Speers Atelier fehlt.

38 Das Gerichtsgefängnis Köpenick

Die »Köpenicker Blutwoche« – das Massaker der SA

Wenn man durch Berlin-Köpenick geht, findet man Straßen, benannt neben anderen nach Richard Aßmann, Paul Pohle, Johannes Stelling, Erich Janitzky, Anton und Johann Schmaus. Sie und zahlreiche andere hat der SA-Sturm 15 unter der Führung von Herbert Gehrke während der »Köpenicker Blutwoche« vom 21. bis 26. Juni 1933 ermordet.

Im Mai 1933 richtet der Köpenicker SA-Sturm im Amtsgericht am Hohenzollernplatz (heute Mandrellaplatz) sein Quartier ein, besetzt einen Monat später dessen Gefängnis, schlägt am Morgen des 21. Juni zu und verhaftet an diesem Tag mindestens 200 Personen. In der Woche bis zum 26. Juni überfällt der SA-Sturm etwa 500 Sozialdemokraten, Kommunisten, Juden, Christen, Gewerkschaftler, verschleppt sie in die Zellen seines Gefängnisses, foltert sie dort und in seinen Sturmlokalen »Demuth«, »Seidler« und »Jägerheim«. Viele sterben durch die brutalen Misshandlungen. 91 Menschen erschießt und erhängt die SA. Mehrere der Leichen wirft sie in den Oder-Spree-Kanal und in die Dahme. Bekannt sind bisher die Namen von 23 Ermordeten.

Beispielhaft ist das Schicksal des 23-jährigen Zimmermanns Anton Schmaus, des Sohnes des Gewerkschaftssekretärs Johann Schmaus, der ebenfalls ermordet wird. Als drei SA-Männer Anton Schmaus ergreifen wollen, erschießt dieser in Notwehr zwei der SA-Männer, der dritte wird von seinen eigenen Leuten tödlich getroffen. Schmaus flieht zur nächsten Polizeidienststelle, um sich zu stellen und Schutz zu suchen. Doch die Polizisten liefern ihn der SA aus, die ihn so brutal zusammenschlägt, dass er ein Jahr später in einem Polizeikrankenhaus daran stirbt.

Nach dem Krieg werden in Ostberliner Prozessen 15 Mitglieder des SA-Sturms zum Tode verurteilt, mehrere zu lebenslänglichen oder langjährigen Zuchthausstrafen.

Adresse Puchanstraße 12, 12555 Berlin-Köpenick | **ÖPNV** S 3, Haltestelle Köpenick, dann 10 Minuten Fußweg | **Und heute** Im ehemaligen Gefängnis des Amtsgerichtes befinden sich eine Gedenkstätte und eine Ausstellung. Geöffnet nur Do 10–18 Uhr. Am Gebäude ist eine Gedenktafel angebracht. Führungen außerhalb der Öffnungszeiten unter Tel. 030/902975671 oder 902973350, www.heimatmuseum-treptow.de.

39 Goebbels' Stadtpalais
Luxus auf Staatskosten und der Putschist Remer

Für seine neue Dienstvilla lässt Propagandaminister Joseph Goebbels das ehemalige Stadtpalais der königlich-preußischen Hofmarschalle nahe dem Brandenburger Tor abreißen und 1937 durch Albert Speer auf Staatskosten für 3,2 Millionen Reichsmark pompös neu bauen – mit gigantischem Bankettsaal, Marmorbädern, kostbaren Paneelen an Wänden und Decken, Gobelins bis zu je 300.000 Reichsmark. Er lässt den Park um sein Palais neu anlegen, der an die Ministergärten grenzt, und darin einen massiven Luftschutzbunker betonieren. Zusätzlich zu seiner Villa auf Schwanenwerder (siehe Seite 194) und seinem Landhaus am Bogensee hat er nun eine neue Adresse: Hermann-Göring-Straße 20, heute Ebertstraße.

Ein besonderes Ereignis findet in Goebbels' Stadtpalais am 20. Juli 1944 statt: Der 32-jährige Kommandeur des Wachbataillons »Großdeutschland«, Major Otto Ernst Remer, hat den Befehl, bei Stauffenbergs Umsturz »Operation Walküre« das Regierungsviertel abzusperren und Goebbels zu verhaften. Obwohl Remer ein leidenschaftlicher Verehrer Hitlers ist, ist ein Befehl ein Befehl, sperrt er das Regierungsviertel ab und will nun nach 18 Uhr Goebbels im Stadtpalais festnehmen. Goebbels, höchst erstaunt, erklärt Remer, dass Hitler lebt. Der verwirrte Remer will es nicht glauben. Goebbels ruft Hitler in der Wolfsschanze an und reicht Remer den Hörer. Der »Führer« befiehlt Remer, den Putsch sofort niederzuschlagen. Da Befehl Befehl ist, lässt er anstelle von Goebbels Stauffenberg und seine Mitverschwörer verhaften und wird zum Generalmajor befördert.

Das Stadtpalais wird durch Bombenangriffe zerstört und die Ruine 1953 abgerissen.

Nach dem Krieg ist Otto Ernst Remer als rechtsextremistischer Politiker und Publizist tätig. Da er wiederholt wegen Volksverhetzung verurteilt wird, flieht er nach Ägypten und später nach Spanien, wo er als Auschwitz-Leugner 1997 im Alter von 85 Jahren in Marbella stirbt.

Adresse Ebertstraße, Ecke Behrenstraße, 10117 Berlin-Mitte | **ÖPNV** S 1, S 2, S 25, U 55, Bus 100, 200, M 41, Haltestelle Brandenburger Tor | **Und heute** Wo das Stadtpalais stand, stehen die Quader des Denkmals für die ermordeten Juden Europas. Ein Hinweis fehlt.

40_ Die Gräfin Maria von Maltzan

Juden im Güterwaggon in die Freiheit

Maria Gräfin von Maltzan (1909–1997) wohnt 1936 in einer kleinen Zwei-Zimmer-Ladenwohnung in der Detmolder Straße 11. Hier kann sie unauffällig jüdische Freunde und Bekannte verstecken, die auf der Flucht sind. Besonders nach dem Novemberpogrom von 1938 gewährt sie untergetauchten Juden Unterschlupf.

Im September 1939 wird Maria Gräfin von Maltzan aufgrund ihrer Sprachkenntnisse bei der Postprüfstelle zur Briefzensur eingezogen. Dabei kann sie unvorsichtige Schreiber warnen oder gefährliche Briefe abfangen. Nach einer Denunziation wird sie von der Gestapo verhört und nach Durchsuchung ihrer Wohnung entlassen.

Im gleichen Jahr freundet sie sich mit dem jüdischen Schriftsteller Hans Hirschel (1900–1974) an. Da ihm die Deportation droht, nimmt sie ihn in ihrer Wohnung auf. Bei Gefahr versteckt sie ihn im Kasten einer Bettcouch. Als sie in Berliner Schlachthöfen als Fleischbeschauerin eingesetzt wird, kann sie ihre versteckten Juden mit Essen versorgen. Wieder durchsucht die Gestapo ihre Wohnung, entdeckt Hans Hirschel in seinem Bettkasten nicht, überwacht aber das Haus, auch nachts. Von Maltzan muss nun ihre jüdischen Bekannten davor warnen, sich dem Haus zu nähern.

Den in Berlin lebenden Schweden ist es erlaubt, vor dem Verlassen der Stadt ihre Möbel mit der Reichsbahn in die Heimat zu schaffen. Durch Mittelsmänner kann sie im August 1943 den Zug nachts in Wuhlheide anhalten, von ihr herbeigeschleuste Juden in den Waggons unterbringen, die Wagen neu verplomben und so die Flüchtlinge über die deutsche Grenze schmuggeln.

Nach Kriegsende heiraten Maria Gräfin von Maltzan und Hans Hirschel. Ihre Zeit des Widerstandes beschreibt sie in »Schlage die Trommel und fürchte dich nicht«.

Adresse Detmolder Straße 11, 10715 Berlin-Wilmersdorf | **ÖPNV** S 41, S 42, S 45, U 9, Haltestelle Bundesplatz | **Und heute** Vor dem Neubau erinnert an der Ecke Detmolder, Weimarische Straße eine Tafel an Maria Gräfin von Maltzan.

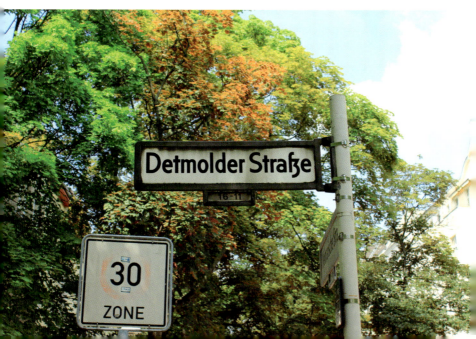

41 Der Großdeutsche Rundfunk

Das »Braune Haus« des deutschen Geistes

Um 1930 baut Hans Poelzig das höchst moderne »Haus des Rundfunks« mit seinem wunderschönen Lichthof, symbolhaft für die hellen und wahren Informationen, die dieses Haus ausstrahlen soll. Der Rundfunk als Instrument der Aufklärung. Doch es kommt anders.

»In der Größe der Lüge liegt immer ein gewisser Faktor des Geglaubtwerdens. Die Propaganda muss sich nach der Aufnahmefähigkeit des Beschränktesten richten. Die Unverschämtheit ihrer geistigen Terrorisierung kommt der Masse ebensowenig zum Bewußtsein wie die empörende Mißhandlung ihrer menschlichen Freiheit, ahnt sie doch den inneren Irrsinn der ganzen Lehre in keiner Weise.« Hitler 1925/26 in »Mein Kampf«.

Im März 1933 entlässt Josef Goebbels (siehe Seite 176) alle im »Haus des Rundfunks« arbeitenden Juden und alle, die verdächtigt sind, Kommunisten oder »politisch unzuverlässig« zu sein. Er ersetzt das gesamte Personal durch NSDAP-Mitglieder und hohe NS-Funktionäre. So wird Ernst Himmler, der Bruder Heinrich Himmlers, technischer Direktor und Chefingenieur des Hauses. Dazu unterstellt Goebbels den Rundfunk seinem neu geschaffenen »Reichsministerium für Volksaufklärung und Propaganda«. Am 1. Januar 1939 fasst er alle Reichssender zum »Großdeutschen Rundfunk« zusammen. Derart gleichgeschaltet, ist nun auch das »Haus des Rundfunks« seine Propagandamaschine, sein Herrschaftsinstrument zur »geistigen Mobilmachung«.

Nach der Kriegswende 1943 hat der Rundfunk vor allem drei Hauptaufgaben: Täuschung der Bevölkerung über die Kriegssituation, Ablenkung von der bevorstehenden Katastrophe und Verbreitung von guter Laune und Optimismus. Gesendet wird dieses Programm aus einem Bunker neben dem Funkhaus. Dort wird am 2. Mai 1945 der »Großdeutsche Rundfunk« »abmoderiert«.

Adresse Masurenallee 8–14, 14057 Berlin-Charlottenburg | **ÖPNV** U2, Haltestelle Theodor-Heuss-Platz, Bus M49, 104, 218, 349, Haltestelle »Haus des Rundfunks« | **Und heute** Im »Haus des Rundfunks« hat der Hörfunk Radio-Berlin-Brandenburg rbb seinen Sitz. Sehenswert ist der schöne Lichthof im Foyer des Gebäudes.

42 Der Großmufti von Jerusalem

Mohammed Amin al-Husseini fordert die »Endlösung«

Dem Großmufti von Jerusalem Mohammed Amin al-Husseini (1893–1974) droht wegen seines Kampfes gegen die britische Kolonialmacht und seiner Agitation für die Vertreibung der Juden aus Palästina und ihre Vernichtung die Verhaftung durch die Briten. Er flieht aus Palästina und trifft nach mehreren Zwischenstationen in arabischen Staaten im November 1941 in Berlin ein. Sogleich wird er von Hitler empfangen, dem er seine Unterstützung bei der Vernichtung der Juden im Reich und in Europa zusichert.

Auf Anordnung Hitlers finanziert Reichsaußenminister von Ribbentrop (siehe Seite 162) den Aufenthalt des Großmuftis samt seinem umfangreichen Stab mit monatlich 75.000 Reichsmark und zusätzlichen üppigen Zuwendungen. Dazu stellt er ihm eine Suite im Hotel Adlon und als Residenz eine »arisierte« Villa in der Zehlendorfer Goethestraße 27 zur Verfügung. Es folgen mehrmalige Empfänge bei Propagandaminister Goebbels, bei Deportationsorganisator Eichmann und Reichsführer-SS Himmler (siehe Seite 168), mit dem sich ein besonders herzliches Verhältnis entwickelt.

Durch den Rundfunk betreibt der Großmufti NS-Propaganda in den arabischen Ländern, ruft in der Berliner Moschee im November 1942 zur Tötung aller Juden auf und fordert bei der Eröffnung des »Islamischen Zentral-Instituts« im Dezember 1942 die notwendige Ausrottung der Juden. Als im Februar 1943 durch die Initiative des Roten Kreuzes etwa 5.000 jüdische Kinder aus Bulgarien nach Palästina gerettet werden können, verhindert dies der Großmufti durch seine Intervention bei Himmler. Die Kinder werden in Vernichtungslager deportiert und ermordet. Mittlerweile von Himmler zum SS-Gruppenführer befördert, organisiert er ab 1943 den Aufbau bosnisch-islamischer Waffen-SS-Divisionen.

Mohammed Amin al-Husseini stirbt 1974 in Beirut.

Adresse Goethestraße 27, 14163 Berlin-Zehlendorf | **ÖPNV** U 3, Haltestelle Krumme Lanke, S 1, Haltestelle Mexikoplatz, dann 10 Minuten Fußweg | **Und heute** In der erhaltenen Villa sind mehrere Firmen angesiedelt.

43 Die Gruppe Herbert Baum
Kommunistische Juden zünden ein Fanal

Tatort: antikommunistische Propagandaausstellung »Das Sowjetparadies« im Lustgarten. Tatzeit: 18. Mai 1942, abends gegen 20 Uhr. Tathergang: Ausbruch eines kleinen Feuers. Brandursache: selbstgebastelte Brandbombe. Personenschäden: elf Leichtverletzte. Sachschäden: sehr gering. Noch in der Nacht beseitigt. Ausstellung kann am nächsten Tag wieder besucht werden. Täter: die jüdische, kommunistische Widerstandsgruppe um Herbert Baum. So die Fakten, die in keiner Zeitung veröffentlicht werden.

Mit diesem Brandanschlag protestiert die Gruppe gegen die antisowjetische Hetze. Sie ist eine der vielen jüdischen Widerstandsgruppen in Berlin und besteht aus über 100 Männern und Frauen im Alter zwischen 20 und 30 Jahren. Angeführt wird die Gruppe von Herbert Baum, seiner Ehefrau Marianne, Martin Kochmann und dessen Ehefrau Sala, alle geboren 1912. Seit 1939 kleben sie Anti-Nazi-Zettel an Hauswände, bemalen sie mit Protestparolen, verbreiten illegales Material, animieren jüdische und ausländische Zwangsarbeiter zum Widerstand, verhelfen versteckten Juden und Kommunisten zur Flucht. Die Brandstiftung ist ihre spektakulärste Aktion. Und zugleich ihr tödliches Ende. Durch Denunziation fliegt die Gruppe auf. Vier Tage nach dem Brandanschlag verhaftet die Gestapo zahlreiche Mitglieder.

Vom Volksgerichtshof (siehe Seite 216) werden 27 Mitglieder zum Tode verurteilt und in Plötzensee (siehe Seite 102) 1942/43 hingerichtet. Der 30-jährige Herbert Baum nimmt sich in der Haft das Leben. 81 jüdische Angehörige, die nichts mit der Feuerlegung zu tun haben, werden im KZ Sachsenhausen erschossen. Da am Brandanschlag fünf Juden beteiligt waren, verhaftet die Gestapo nach dem Prinzip 1:100 als Vergeltung 500 Juden. Davon erschießt die »Leibstandarte Adolf Hitler« 250 in ihrer Kaserne in Lichterfelde. Die anderen 250 werden im KZ Sachsenhausen und in anderen Konzentrationslagern ermordet.

Adresse Am Goldmannpark 53, 12587 Berlin-Friedrichshagen | **ÖPNV** S 3, Haltestelle Friedrichshagen, dann 10 Minuten Fußweg | **Und heute** Das Wohnhaus wurde umgebaut. Eine Gedenktafel für Herbert Baum fehlt. Vor dem Berliner Dom, Ecke Karl-Liebknecht-Straße, erinnert ein Gedenkstein an die Widerstandsgruppe.

44 Der Güterbahnhof Moabit
In Möbelwagen zur Deportation

Von Mitte August 1942 an schleppen sich Kolonnen von Menschen mit bis zu 50 Kilo Gepäck über die Quitzowstraße zum Güterbahnhof Moabit. Auf den Gleisen 69, 81 und 82 stehen Güterzüge mit Viehwaggons. Es ist der größte der drei Deportationsbahnhöfe Berlins neben dem Bahnhof Grunewald und dem Anhalter Bahnhof. Alte, Kranke und kleine Kinder werden auf Lastwagen oder in Möbelwagen großer Speditionen zu den Gleisen transportiert. Sie kommen von den Sammellagern in der Levetzowstraße (siehe Seite 192), in der Großen Hamburger Straße, im Altenheim des Jüdischen Krankenhauses in der Iranischen Straße (siehe Seite 118), vom Taubstummen- und Blindenheim Weißensee. Die »Einwaggonierung« geschieht brutal und chaotisch. Die SS prügelt mit Peitschen und Gewehrkolben, hetzt Hunde auf die Menschen. In die 30 Viehwaggons der Züge werden pro Waggon über 60 Männer, Frauen und Kinder getrieben. Oft bleibt ihr Gepäck zurück – ganze Lagerhallen füllen sich inzwischen mit »Judengut«. Das geschieht bei Tag, für alle Anwohner sichtbar. Die Endstationen der Züge sind Riga, Theresienstadt, Auschwitz.

Der erste Transport verlässt den Güterbahnhof Moabit am 15. August 1942 nach Riga mit etwa 1.000 Menschen. Zwei Tage darauf folgt ein Zug nach Theresienstadt. Bis zum Frühjahr 1943 werden jeweils 1.000 Berliner Juden in die Ghettos von Riga und Theresienstadt »umgesiedelt«. Der erste Transport nach Auschwitz geht am 29. November 1942 ab. Vom Güterbahnhof Moabit aus wird der größte Teil der über 55.000 deportierten Berliner Juden abtransportiert. Von hier fahren von 1942 bis 1943 mehr als 30.000 Menschen in den Tod, die meisten nach Auschwitz.

Den Güterbahnhof gibt es nicht mehr, und die Gleise, von denen die Züge abfuhren, sind durch die Ellen-Epstein-Straße überbaut. Doch der alte gepflasterte Weg, über den die Menschen von der Quitzowstraße zu den Güterwagen gehen mussten, ist noch erhalten.

Adresse Quitzowstraße 18–21 (neben der Discounter-Filiale), 10559 Berlin-Moabit | **ÖPNV** S 41, S 42, U 9, Haltestelle Westhafen, dann 20 Minuten Fußweg | **Und heute** Eine Foto- und Textstele beim ehemaligen Zugang zum Güterbahnhof und ein Mahnmal auf der Putlitzbrücke erinnern an die Deportationen.

45 — Der Hausvogteiplatz

Die jüdische Mode- und Bekleidungsbranche wird ausgelöscht

Seit dem 19. Jahrhundert ist die Umgebung des Hausvogteiplatzes der Mittelpunkt der jüdischen Berliner Mode- und Bekleidungsbranche. In diesem »Konfektionsviertel« hat die Haute Couture der »Berliner Mode« ihren Ursprung, verbunden mit den Firmen Hertzog, Gerson und den Brüdern Mannheimer. Sie verhelfen der »Berliner Mode« zu hohem internationalen Ansehen. Dann bricht über die Blüte das Jahr 1933 herein.

Goebbels: »Die Konfektionsjuden müssen beseitigt werden.« Entsprechend werden die jüdischen Hersteller, Geschäftsinhaber, ihre Angestellten und Näherinnen schikaniert, diffamiert, boykottiert, entrechtet und verfolgt. Unter der Ehrenpräsidentschaft von Magda Goebbels wird im Juni 1933 das »Deutsche Modebüro« etabliert, das »judenreinen« Geschmack vorschreibt. Ab 1936 darf das Wort »Konfektion« nicht mehr benutzt werden, da es »jüdisch« klingt. Nun wirbt man für Damenunterwäsche mit dem Hinweis »garantiert arisch«. Zugleich erhält der international renommierte jüdische Modeschöpfer Fritz Vincenz Grünfeld als Repräsentant der deutschen Haute Couture 1937 auf der Pariser Weltausstellung die Goldmedaille. Einst hatten bei ihm auch Magda Goebbels und Emmy Sonnemann, spätere Göring, ihre schicken Roben schneidern lassen.

Mehr und mehr müssen die jüdischen Modemacher ihre Unternehmen weit unter Wert an »arische« Berliner verkaufen. Wer die Möglichkeit hat, flieht ins Ausland. 1938 zerschlägt der Novemberpogrom die international erfolgreiche »Berliner Konfektion« endgültig. Drei Jahre später beginnen die Deportationen. 4.000 Juden aus dem Berliner Bekleidungsgewerbe werden ermordet. Fritz Vincenz Grünfeld kann sich retten.

Übrigens: Die »Hausvogtei« an diesem Platz war ab 1750 das königliche Hofgericht mit einem Gefängnis. Aus jener Zeit stammt der Spruch: »Wer die Wahrheit weiß und saget sie frei, der kommt in Berlin in die Hausvogtei.«

Adresse Hausvogteiplatz, 10117 Berlin-Mitte | **ÖPNV** U 2, Haltestelle Hausvogteiplatz | **Und heute** Mehrere alte Gebäude sind restauriert erhalten. Auf dem Platz erinnert ein Denkmal mit drei Ankleidespiegeln und Texttafeln an die Juden der Konfektions-Branche. An den U-Bahn-Stufen sind die Namen der einstigen jüdischen Geschäfte angebracht.

46 Die Heeres-Pionierschule
Bedingungslose Kapitulation in Karlshorst

Am 23. April 1945 erobern Einheiten der sowjetischen 5. Stoßarmee das Offizierskasino der Festungspionierschule des Heeres in Berlin-Karlshorst fast kampflos und bringen darin ihren Kommandostab unter. Große Teile der Bevölkerung müssen ihre Häuser für die Einquartierung des sowjetischen Militärs räumen. Die Umgebung ist Sperrgebiet. Der Berliner Stadtkommandant Helmuth Weidling kapituliert am 2. Mai 1945.

Um Mitternacht vom 8. zum 9. Mai 1945 unterzeichnen im großen Speisesaal des ehemaligen Offizierskasinos Marschall Schukow für das sowjetische, Luftmarschall Tedder für das alliierte Oberkommando und als Zeugen der amerikanische Luftwaffengeneral Spaatz und der französische General de Lattre de Tassigny die Gesamtkapitulation der deutschen Wehrmacht.

Auf der Gegenseite sitzen Generalfeldmarschall Wilhelm Keitel, Chef des Oberkommandos der Wehrmacht, Generaladmiral Hans Georg von Friedeburg, Oberbefehlshaber der Kriegsmarine, und Generaloberst Hans-Jürgen Stumpff in Vertretung des Oberbefehlshabers der Luftwaffe. Nur widerwillig und im vollen Schmuck ihrer Orden und Auszeichnungen an den Uniformen unterschreiben die Besiegten ihre bedingungslose Kapitulation, datiert auf den 8. Mai. Die Unterzeichnung bestätigt und schließt die vorangegangene Kapitulation ab, die zuvor am 7. Mai 1945 im Hauptquartier der westalliierten Truppen in Reims vollzogen wurde.

In Karlshorst beendet Marschall Schukow die Prozedur mit den Worten: »Die deutsche Delegation kann gehen.« Keitel erhebt seinen Marschallstab und geht. Damit endet in der Nacht vom 9. Mai 1945 um 0.50 Uhr der Zweite Weltkrieg in Europa.

Nach der Kapitulation hat im ehemaligen Offizierskasino bis 1949 der Stab der Sowjetischen Militäradministration in Deutschland seinen Sitz und anschließend bis 1967, bis zur Eröffnung des »Kapitulations-Museums«, die Militärverwaltung der Roten Armee.

Adresse Zwieseler Straße 4, 10318 Berlin-Karlshorst | **ÖPNV** S 3, Haltestelle Karlshorst, dann 15 Minuten Fußweg, Bus 296, Haltestelle Deutsch-Russisches Museum | **Und heute** In dem erhaltenen Gebäude befindet sich das Deutsch-Russische Museum. Eine Ausstellung dokumentiert den Krieg gegen die Sowjetunion. Geöffnet Di–So 10–18 Uhr, Führung sonntags 15 Uhr, Gruppenführungen unter Tel. 030/501508-41, www.museum-karlshorst.de.

47 Die Hinrichtungsstätte Plötzensee

Dauereinsatz der Guillotine im Geräteschuppen

Die Hinrichtungsstätte ist ein Ziegelschuppen im Außenhof des ehemaligen Zuchthauses Plötzensee, Königsdamm 7. Enthauptung ist die übliche Hinrichtungsart, von 1933 bis 1936 mit dem Handbeil, ab 1937 durch eine Guillotine. Im Dezember 1942 wird auf Befehl Hitlers für die Vollstreckung der Todesurteile gegen die Widerstandsgruppe »Rote Kapelle« (siehe Seite 184) ein Eisenträger mit acht Eisenhaken angebracht. Erhängen gilt als besonders entehrend.

Dieser Ort ist die zentrale Hinrichtungsstätte für die vom Volksgerichtshof und anderen Gerichten zum Tode Verurteilten: Hingerichtet werden Personen wegen angeblicher Wehrkraftzersetzung, Sabotage, Feindbegünstigung, Anfertigen und Verteilen von Flugblättern, Beschädigung von Wehrmachtsgut, Hören von Feindsendern, Geheimnisverrat, Zweifel am Endsieg, Desertation. Der 26-jährige Kommunist Richard Hüttig, der sich in Charlottenburg gegen die Überfälle der SA zur Wehr setzte, wird im Juni 1934 als erster politischer Häftling mit dem Handbeil enthauptet. Nach ihm ist heute der Weg zur Gedenkstätte benannt.

Von 1933 bis 1945 werden in diesem Schuppen 2.891 Menschen hingerichtet, die Hälfte davon sind ausländische Verurteilte. Zu den Hingerichteten gehören auch Mitglieder der Herbert-Baum-Gruppe, der Widerstandsgruppe »Europäische Union« (siehe Seite 94), des Kreisauer Kreises und des Umsturzversuches vom 20. Juli 1944.

Die Angehörigen der Exekutierten erhalten die Rechnung für die Haftkosten von 1,50 Reichsmark pro Tag, für die Hinrichtungskosten von 300 Reichsmark und für das Porto für die Kostenrechnung. Der Scharfrichter bezieht ein Gehalt von monatlich 250 Reichsmark, dazu für jede Hinrichtung eine Sondervergütung von 60 Reichsmark. Die Enthauptung eines Verurteilten dauert sieben Sekunden.

Adresse Hüttigpfad 16, 13627 Berlin-Charlottenburg | **ÖPNV** U 9, Haltestelle Turmstraße, oder S 41, S 42, Haltestelle Beusselstraße, dann Bus 123, Haltestelle Gedenkstätte Plötzensee | **Und heute** Von dem Hinrichtungsschuppen ist nur eine Hälfte erhalten, in der sich eine Dauerausstellung befindet. Öffnungszeiten März – Okt. 9 – 17 Uhr; Nov. – Feb. 9 – 16 Uhr. Führungen finden nicht statt, www.gedenkstaette-ploetzensee.de.

48 Die Hirnforschung in Berlin-Buch

Gehirnpräparate für die NS-Wissenschaft

Das 1914 gegründete »Kaiser-Wilhelm-Institut für Hirnforschung« am Lindenberger Weg 70 in Berlin-Buch ist eines der 28 Forschungsinstitute der »Kaiser-Wilhelm-Gesellschaft zur Förderung der Wissenschaften«. Der Ärztliche Direktor der Heil- und Pflegeanstalt Buch ist ab 1933 der Hitler ergebene Arzt Wilhelm Bender. Er gehört zu den Ärzten, die 1939 die »Euthanasie-Aktion T4« (siehe Seite 56) vorbereiten.

Direktor des Bucher Instituts für Hirnforschung ist von 1937 bis Kriegsende der Neuropathologe Hugo Spatz (1888–1969). Zur gleichen Zeit ist der Hirnforscher Julius Hallervorden (1882–1965) Leiter der Abteilung für Hirnhistopathologie. Spatz und Hallervorden lassen sich für ihre Hirnforschung die Gehirne von über 2.000 psychisch Kranken, geistig Behinderten und auch gesunden Kindern liefern: Diese wurden in den Vergasungsanstalten der »T4« im Rahmen der sogenannten »Euthanasie« ermordet. Von 1940 bis 1944 sammelt Hallervorden etwa 700 Gehirne von ermordeten Kindern und Erwachsenen. Dabei schwärmt Hallervorden vom »wunderbaren Material« mit »schönen Geisteskrankheiten«. Ziel seiner Forschung ist, herauszufinden, ob hirnanatomische Normabweichungen die Ursachen für »abnorme« Verhaltensweisen sind.

Durch die zunehmenden Bombenangriffe auf Berlin werden 1944 Teile des Instituts mit der Gehirnsammlung nach Dillenburg/Hessen ausgelagert. 1948 übernimmt die neu gegründete Max-Planck-Gesellschaft das Institut für Hirnforschung. Hier arbeiten Hugo Spatz und Julius Hallervorden in der Hirnforschung weiter. Hallervorden, 1956 mit dem Großen Bundesverdienstkreuz ausgezeichnet, stirbt 1965 im Alter von 83 Jahren, Spatz 1969 im Alter von 81 Jahren. Keiner von beiden wird wegen seiner »Euthanasie«-Morde zur Verantwortung gezogen.

Adresse Lindenberger Weg 70, 13125 Berlin-Buch | **ÖPNV** S 2, Haltestelle Buch, dann Bus 353, Haltestelle Lindenberger Weg, Stadtgrenze | **Und heute** Das Gebäude (Haus B 55) ist noch vollständig erhalten. Am Eingang erinnert eine Tafel an die Hirnforscher Cécile und Oskar Vogt, die das Kaiser-Wilhelm-Institut für Hirnforschung 1914 gründeten.

49 Der Hochbunker Pallasstraße
Kein Schutz der militärischen Fernmeldetechnik

Die Luftangriffe auf Berlin nehmen zu. Das Fernmeldeamt I der Reichspost in der Winterfeldtstraße mit seiner Kommunikationstechnik für militärische Operationen muss vor Bomben geschützt werden. So baut man im Herbst 1943 im Auftrag des Oberkommandos des Heeres in der nahe gelegenen Pallasstraße gegenüber dem Sportpalast einen massiven Hochbunker: vier Etagen hoch, die Wände drei Meter dick. In der gegenüberliegenden Augustaschule richtet man für den Bunkerbau das »Augustalager« für mehrere hundert russische, ukrainische und weißrussische Zwangsarbeiter ein. Sie hatte man in Güterwaggons der Reichsbahn mitsamt ihren Familien, darunter ein neun Monate alter Säugling, nach Berlin deportiert.

Die Arbeitszeit der Männer und Frauen sowie Kinder ab zehn Jahren: zwölf bis 14 Stunden. Die Verpflegung: Wasser und ein Stück Brot am Morgen, Rübensuppe am Mittag und Grütze und ein Stück Brot am Abend. Die Arbeitskleidung: ein Kittel und Holzpantinen. Die Schlafstätten: mehrstöckige Holzbetten mit Strohsäcken. Während die Erwachsenen und Jugendlichen arbeiten, müssen die Kinder, auch die kleinsten, das Lager in Ordnung halten, die Räume und Toiletten putzen, Wäsche waschen, heizen, wenn irgendwie möglich. Bei Bombenangriffen müssen alle in den Lagerkeller, meistens mitten in der Nacht. Es ist nicht bekannt, wie viele Zwangsarbeiter durch die schweren Arbeitsstrapazen sterben.

Als sich die Rote Armee Ende April 1945 der Pallasstraße nähert, hängen die Zwangsarbeiter weiße Tücher an die Baugerüste mit der kyrillischen Aufschrift: »Nicht schießen! Wir sind Sowjetbürger!« Der Bunker bleibt bis Kriegsende ein Rohbau. Am Tag der Kapitulation ragen noch die Baugerüste um den Betonklotz. Das damalige Fernmeldeamt I steht heute gut erhalten in der Winterfeldtstraße. Im Bunker haben die Schülerinnen und Schüler der Sophie-Scholl-Oberschule einen »Ort der Erinnerung« geschaffen.

Ukrainische Zwangsarbeiterinnen vor dem Abtransport ins Reich

Adresse Pallasstraße 30, 10781 Berlin-Schöneberg | **ÖPNV** U2, Haltestelle Bülowstraße, U7, Haltestelle Kleistpark, Bus 106, 187, 204, M 85, Haltestelle Goebenstraße | **Und heute** Vor dem Hochbunker mit seinem markanten Wandbild und an der Sophie-Scholl-Oberschule, Elßholzstraße 34, sind Gedenktafeln angebracht. Bunkerführungen auf Anfrage: bodo.foerster@berlin.de.

50 — Das Hotel Kaiserhof
Glanz und Gloria der Ordensträger

Das Hotel Kaiserhof am Wilhelmplatz 3–5 ist das erste Luxushotel in Berlin. 1930 mietet in diesem mondänen Etablissement der NSDAP-Führer Adolf Hitler vom »Braunen Haus« in München zuerst ein Zimmer, dann eine ganze Suite. Mitte September 1931 stellt er in seiner Suite Großindustriellen bei der Wiederaufrüstung der Reichswehr umfangreiche Aufträge in Aussicht. Schon ein Jahr darauf belegt Hitler 1932 die gesamte oberste Etage, baut hier seine Parteizentrale aus und koordiniert seinen Wahlkampf. Auch Hitlers Leibfotograf Heinrich Hoffmann hat eine Wohnung im »Kaiserhof«. Zusätzliche Salons belegen die braunen Kampfgenossen, Karrieristen und Mäzene für ihre Besprechungen und Versammlungen.

Das exquisite Restaurant des Hotels meidet Hitler. Es kursiert das Gerücht, in der Küche arbeite ein Koch, der den »Führer« vergiften wolle. So nimmt er nur Mahlzeiten zu sich, die Magda Goebbels in ihrer Wohnung am Reichskanzlerplatz (heute Theodor-Heuss-Platz) eigenhändig für ihn zubereitet und ein Fahrer in sein Logis bringt. Am 25. Februar 1932 erhält der Österreicher Hitler im Kaiserhof die deutsche Staatsbürgerschaft. Bei seiner Ernennung zum Reichskanzler am 30. Januar 1933 jubeln die Menschenmassen vor dem Hotel. Hitler zeigt sich in Frack und mit Zylinder. Dann zieht er um in die Alte Reichskanzlei (siehe Seite 12) gegenüber in der Wilhelmstraße.

Über zwei Jahre später ist er wieder im Kaiserhof: als Trauzeuge bei Görings Hochzeitsfeier mit Emmy Sonnemann am 10. April 1935. Nach der Trauung im Dom lädt Göring zum großen Empfang und Galadiner 316 Gäste in das Hotel. Minister, Wehrmachtsgeneräle, Diplomaten, Hochadelige und ihre Damen glänzen in ihrem Glorienschein. Gustaf Gründgens, von Göring zum Staatstheater-Intendanten ernannt, hat seinen Ehrenplatz neben der Braut.

Ein Luftangriff zerstört den Kaiserhof am 23. November 1943. Die Ruine wird nach dem Krieg abgerissen.

Adresse Zietenplatz, 10117 Berlin-Mitte | **ÖPNV** S1, S2, S25, U55, Haltestelle Brandenburger Tor, U2, Haltestelle Mohrenstraße, Bus 200, Haltestelle U Mohrenstraße | **Und heute** An der Stelle des Hotels Kaiserhof steht die Nordkoreanische Botschaft. Eine Hinweistafel auf das Hotel Kaiserhof fehlt.

51 Das Institut für Rassenhygiene

Mengele liefert Leichenteile aus Auschwitz

Von 1927 bis 1942 ist Eugen Fischer (1874–1967) und von 1942 bis 1945 Otmar Freiherr von Verschuer (1896–1969) Direktor des »Kaiser-Wilhelm-Instituts für Anthropologie, menschliche Erblehre und Eugenik«. Das Institut in der Dahlemer Ihnestraße 22–24 erforscht die »wissenschaftliche« Legitimation für die Erbgesundheits- und Rassenpolitik des NS-Regimes.

Anthropologische Untersuchungen von KZ-Häftlingen, Juden, Sinti und Roma, Kriegsgefangenen, »Asozialen« und »Erbkranken« sollen deren »Minderwertigkeit« beweisen. Durch Gutachten berät das Institut das Innenministerium zu dessen »rassenhygienischen« Gesetzen und das Reichsgesundheitsamt, das Reichssippenamt und die Erbgesundheitsgerichte zu deren Entscheidungen. Es liefert die Vorlagen für die Zwangssterilisierung von »Erbkranken« und jüdischen »Mischlingen«. Hier wird definiert, was »gesund« und »arisch« oder welcher Mensch auszusondern ist. Gemäß seiner Devise »Aufartung durch Ausmerzung« bestimmt es über die Deportation der »lebensunwerten« Menschen in die Vernichtungslager. Einer der Mitarbeiter ist ab Anfang 1943 Josef Mengele, der 1938 bei Verschuer promovierte. Als Lagerarzt des KZ Auschwitz liefert Mengele dem Institut Leichenteile, die die »Minderwertigkeit« der Ermordeten bestätigen sollen.

Über dem Eingang bringt das Institut den (heute noch vorhandenen) behelmten Kopf der Athene an, der Göttin der Weisheit, Strategie und des Kampfes. 1953 übernimmt die Max-Planck-Gesellschaft eine in Berlin verbliebene Abteilung.

Bei der Entnazifizierung werden von Verschuer und Fischer als »Mitläufer« eingestuft. Von Verschuer leitet als Professor für Genetik von 1951 bis 1965 das Institut für Humangenetik in Münster, Fischer arbeitet ebenfalls weiter und wird 1951 Ehrenmitglied der Anthroposophischen Gesellschaft.

Adresse Ihnestraße 22–24, 14195 Berlin-Dahlem | **ÖPNV** U3, Haltestelle Thielplatz oder Oskar-Helene-Heim, Bus 110, Haltestelle Bitscher Straße, dann jeweils 10 Minuten Fußweg | **Und heute** Im erhaltenen Gebäude hat das Institut für Politikwissenschaft der Freien Universität Berlin seinen Sitz. An der Fassade ist eine Informationstafel über das damalige Institut angebracht.

52 Das Jüdische Altenheim
Von Tisch und Bett ins Gas

Es ist 3 Uhr in der Nacht des 2. Juni 1942, als die ersten 50 Bewohner des ältesten Altenheimes Berlins in der Großen Hamburger Straße 26 geweckt werden. Zu Fuß und nur mit dem nötigsten Gepäck geht es zur »Wohnsitzverlegung« zum nahen Monbijouplatz. Dort müssen sie um 5 Uhr in einen Sonderwagen der Straßenbahn steigen, der die »Evakuierten« zum Anhalter Bahnhof bringt. Fahrtziel: das »Altersghetto« Theresienstadt bei Prag, ein Konzentrationslager zum späteren Weitertransport nach Auschwitz. Es folgt Transport auf Transport, auch mit Gruppen zu je 100 Personen. Nach einer Woche ist das Altenheim am 9. Juni 1942 geräumt.

Nun richtet die Gestapo in dem Gebäude ein Sammellager ein, vergittert die Fenster, lässt die Fassaden nachts mit Scheinwerfern anstrahlen und bewacht die Ausgänge. Flucht ist unmöglich. Das neue »Abwanderungslager« in der Großen Hamburger Straße existiert bis zum Frühjahr 1944 und ersetzt das Sammellager in der ehemaligen Synagoge in der Levetzowstraße (siehe Seite 192). Alte und Junge, Männer, Frauen, Kinder, auch Säuglinge warten auf dem Steinboden, bis sie abgeholt werden und zu Fuß zum Güterbahnhof Moabit oder Bahnhof Grunewald gehen müssen oder auf Lastwagen dorthin gebracht werden. Auch dort ist das Ziel Auschwitz.

Während der »Fabrikaktion« (siehe Seite 74) Ende Februar 1943 sperrt die Gestapo hier die letzten festgenommenen Berliner Juden ein, um sie zu deportieren. Kurz danach rekrutiert sie in diesem Lager »Greifer«: Juden, die untergetauchte Juden aufspüren, sie der Gestapo ausliefern und hoffen, durch ihre Kollaboration von der Deportation verschont zu werden. Die Aufgegriffenen hält man bis zu ihrem Abtransport im Keller fest. Die »Greifer« werden trotz ihrer Gestapo-Hilfe im Februar 1944 in die Vernichtungslager deportiert.

In den letzten Kriegstagen wird das Gebäude zerstört, die Ruine nach 1945 abgerissen und das Gelände planiert.

Adresse Große Hamburger Straße 26, 10115 Berlin-Mitte | **ÖPNV** S 5, S 7, S 75, Haltestelle Hackescher Markt, S 1, S 2, S 25, Haltestelle Oranienburger Straße, U 8, Haltestelle Weinmeisterstraße | **Und heute** Ein Gedenkstein und eine Figurengruppe erinnern an das Altenheim und das Sammellager.

53 Der Jüdische Friedhof Weißensee

Vor den Deportationen Selbstmorde

Es gibt einen Ort, in den SS, SA und Gestapo bis kurz vor Kriegsende nicht eindringen: den Jüdischen Friedhof Weißensee in der ehemaligen Lothringenstraße 22. Mit seinen 115.000 Grabstellen ist er der größte jüdische Friedhof Europas. Außer den Bestattungen von Menschen, die durch Alter oder Krankheit sterben, müssen auch immer wieder Selbstmörder beigesetzt werden, die sich unmittelbar vor ihren Deportationen das Leben nehmen. Insgesamt werden von 1933 bis 1945 auf dem Friedhof 1.907 Juden bestattet, die durch Suizid ihrem Leben ein Ende setzten. Bestattet werden auch die Juden, die in den Verstecken ihrer nicht jüdischen Helfer verstarben. Gefährlich ist dabei die heimliche »Überführung« der Toten nachts durch die zerbombte Stadt zum Friedhof.

Hier befindet sich auch das Grab des Widerstandskämpfers Herbert Baum (siehe Seite 94). Auf der Rückseite seines Grabsteins sind die Namen der 27 Hingerichteten seiner Gruppe eingemeißelt. Beigesetzt werden auch Urnen mit der Asche von jüdischen Häftlingen aus Konzentrationslagern.

Als besonderes Versteck dient das tempelartige Grabmal des Sängers der Berliner Staatsoper Joseph Schwarz. In seinem Dachaufbau verbringen viele verfolgte und untergetauchte Menschen die Nacht. Auf dem Friedhof werden auch weit über 500 Thorarollen, 800 wertvolle Bücher, mehrere goldbestickte Traubaldachine und fünf Harmonien versteckt, um sie vor der Vernichtung durch die Nationalsozialisten zu bewahren. Dennoch zerstört eine Brandbombe die meisten der Thorarollen. Bis Ende 1944 werden auf dem Friedhof an den hohen jüdischen Feiertagen geheime Gottesdienste abgehalten, abgesichert durch Notausgänge, falls die Gestapo doch eindringt. Im Januar 1945 verhindern Friedhofsarbeiter, dass die SS im Verwaltungsgebäude und in der Blumenhalle eine »Nationalsozialistische Volksküche« einrichtet.

Adresse Herbert-Baum-Straße 45, 13088 Berlin-Pankow | **ÖPNV** S 8, S 9, S 85, S 41, S 42, Haltestelle Greifswalder Straße, dann Tram M 4, M 13, Haltestelle Albertinenstraße | **Und heute** Die Ehrengrabstätte von Herbert Baum befindet sich im Feld A1–G1. Samstags ist der Friedhof geschlossen.

54 Die Jüdische Knabenschule
Vom freien Geist zum Sammellager

Das »Jüdische Gymnasium Moses Mendelssohn« hat seinen Ursprung im Jahr 1778, als der Philosoph und Vorbereiter der Judenemanzipation Moses Mendelssohn (1729–1786) hier als Mitbegründer die »Knabenschule der Juedischen Gemeinde« errichtet. Es ist die erste jüdische kostenlose Freischule in Deutschland auch für nicht jüdische Schüler.

Das Leitbild und Programm waren und sind bis heute liberales Judentum, Toleranz Andersgläubigen gegenüber, Abwehr von Rassismus, Fremdenfeindlichkeit und Antisemitismus. Ganz im Sinne von Moses Mendelssohn. Nach mehreren Erweiterungen wird 1906 das neue, bis heute erhaltene Gebäude bezogen, 1923 in eine öffentliche Mittelschule umgewandelt und 1931 eine Mädchen-Mittelschule aufgenommen.

1942 verbieten die Nationalsozialisten alle jüdischen Schulen. Das Reichssicherheitshauptamt (siehe Seite 178) lässt die Schule im März desselben Jahres räumen und richtet darin im Juni ein Sammellager ein. Die Schule wird zu einem Gefängnis: Wie bei dem danebenliegenden, ebenfalls zu einem Sammellager umgebauten Altenheim werden die Fenster vergittert, Posten stehen vor den Toren, und Scheinwerfer strahlen nachts die Fassaden an. Auch von diesem Sammellager werden die zusammengepferchten, zur Deportation bestimmten Juden zum Güterbahnhof Moabit, zum Bahnhof Grunewald und zum Anhalter Bahnhof gebracht. Der letzte Schulleiter Georg Feige wird 1944 im KZ Theresienstadt ermordet.

1993 erfolgt im historischen Gebäude die Neugründung der »Jüdischen Oberschule«, und heute ist das »Jüdische Gymnasium Moses Mendelssohn« eine staatlich anerkannte Privatschule der Jüdischen Gemeinde Berlin. Trotz der Tilgung aller jüdischen Inschriften und Symbole durch die Nationalsozialisten ist über dem Schulportal die in Stein gemeißelte alte Inschrift »Knabenschule der Juedischen Gemeinde« mit ihrem Skulpturenschmuck erhalten.

Adresse Große Hamburger Straße 27, 10115 Berlin-Mitte | **ÖPNV** S 5, S 7, S 75, Haltestelle Hackescher Markt, S 1, S 2, S 25, Haltestelle Oranienburger Straße, U 8, Haltestelle Weinmeisterstraße | **Und heute** In dem erhaltenen Gebäude unterrichtet wieder die Jüdische Oberschule »Jüdisches Gymnasium Moses Mendelssohn«.

55 Das Jüdische Krankenhaus
Letzte Zuflucht, vergeblich

In das Jüdische Krankenhaus in der Iranischen Straße 2 werden Schwerstverletzte eingeliefert, die sich aus Verzweiflung vor die S- oder U-Bahn, vor Lastwagen geworfen haben oder auf andere Art Suizid begehen wollten, um der Deportation zu entkommen. Von der Gestapo bei den Verhören Gefolterte werden in grauenhaftem Zustand eingeliefert. Für sie und für alle Alten und Kranken legen die jüdischen Ärztinnen und Ärzte der Gestapo Atteste über deren Transportunfähigkeit vor und erreichen oft einen kurzen Aufschub. Viele Gefolterte sterben im Krankenhaus vor ihrem Abtransport. So der Journalist und Publizist Theodor Wolff und der Komponist der urdeutschen Operette »Schwarzwaldmädel«, Leon Jessel.

In dem großen Krankenhauskomplex gibt es auch ein jüdisches Altenheim. Anfang Juli 1942 schafft man fast alle seiner Bewohner zum Anhalter Bahnhof und von dort nach Theresienstadt. Damit hat das Altenheim aufgehört zu existieren. Nun beginnt man, alle Kranken vom Güterbahnhof Moabit (siehe Seite 96) nach Auschwitz zu transportieren, ebenso alle eingewiesenen Psychiatriepatienten, die noch nicht im Rahmen der »Euthanasie-Aktion T4« (siehe Seite 56) getötet wurden.

Inzwischen hat sich die Gestapo selbst im Krankenhaus niedergelassen und ihren »Fahndungsdienst« etabliert. Von hier schickt sie ihre »Greifer« los, die untergetauchte Juden aufgreifen sollen. Diese jüdischen Kollaborateure hoffen, durch ihre Dienste für die Gestapo nicht deportiert zu werden. Ein tödlicher Irrtum. Am Ende verlädt man auch sie in die Viehwaggons. Nach der Auflösung des Sammellagers in der Großen Hamburger Straße wird im Krankenhaus im Frühjahr 1944 eine Sammelstelle für die letzten in Berlin verbliebenen Juden eingerichtet. Man deportiert sie mit dem gesamten Krankenhauspersonal in die Vernichtungslager.

Heute werden in dem Krankenhaus mit seinen vielen Abteilungen auch nicht jüdische Patienten behandelt.

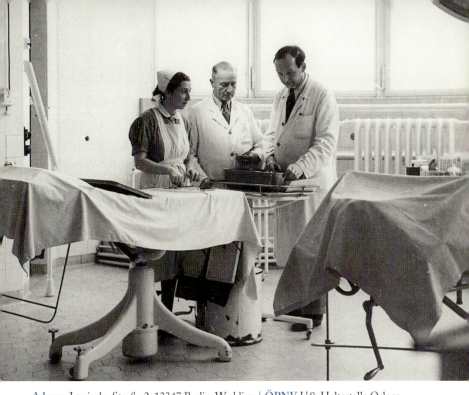

Adresse Iranische Straße 2, 13347 Berlin-Wedding | **ÖPNV** U 8, Haltestelle Osloer Straße, Bus 125, 128, 150, 255, Haltestelle U Osloer Straße | **Und heute** Im erhaltenen Gebäude ist die Verwaltung des heutigen Jüdischen Krankenhauses untergebracht. Am Eingang Heinz-Galinski-Straße erinnert eine Tafel und in Haus B Fotografien und Texte an das ehemalige Jüdische Krankenhaus.

56 Der Jüdische Kulturbund
Überwachung, Schikanen, Auflösung, Deportation

Durch den sogenannten »Arierparagraphen« von Anfang April 1933 erhalten Juden in staatlichen Einrichtungen Berufsverbot. Um den aus den Kulturbetrieben entlassenen jüdischen Schauspielern, Regisseuren, Sängern und Musikern Arbeitsmöglichkeiten zu schaffen, gründen der Regisseur Kurt Baumann und der Dirigent Kurt Singer im Juni 1933 den »Kulturbund Deutscher Juden«. Da die Nationalsozialisten durch diese Gründung die jüdischen Künstler besser überwachen können, bewilligen sie diesen Kulturbund, unter der Bedingung, dass darin nur Juden arbeiten und nur Juden die geschlossenen Veranstaltungen besuchen dürfen. Schon zu Beginn zählt der Bund etwa 20.000 Mitglieder. Seine erste Bühne ist von 1933 bis 1935 das »Berliner Theater« in der Kreuzberger Charlottenstraße 90–92. Als Eröffnungspremiere wird am 1. Oktober 1933 »Nathan der Weise« von Lessing aufgeführt, gefolgt von weiteren Opern, Operetten, Konzerten, Vorträgen, Filmvorführungen et cetera.

Weil Juden nicht »deutsch« sein dürfen, ordnet der Polizeipräsident Graf von Helldorf 1934 an, den Namen »Kulturbund Deutscher Juden« umzuändern in »Jüdischer Kulturbund Berlin«. Ein Jahr darauf reißen die Nationalsozialisten das Theater wegen angeblicher Baufälligkeit ab. Als Notbehelf muss der Kulturbund auf das wesentlich kleinere, heruntergekommene »Theater in der Kommandantenstraße« Nr. 58 ausweichen und zur Instandsetzung 25.000 Reichsmark investieren.

Eine zusätzliche Schikane betreibt das »Sonderreferat Reichskulturverwalter Hans Hinkel« im Goebbels-Ministerium. Der Jüdische Kulturbund darf keinen Schiller und Goethe aufführen, keinen Beethoven, Mozart und Schubert spielen. Texte von Shakespeare und Molière werden zensiert. Schließlich löst die Gestapo den Kulturbund im September 1941 auf. Viele seiner Mitglieder werden deportiert. Kurt Baumann überlebt den Holocaust und arbeitet später weiter am Theater.

Adresse Kommandantenstraße 58, 10969 Berlin-Kreuzberg | **ÖPNV** U 2, Haltestelle Spittelmarkt, U 8, Haltestelle Moritzplatz, Bus 248, Haltestelle Kommandantenstraße, Bus M 29, Haltestelle Alexandrinenstraße | **Und heute** Das Gelände ist durch eine Wohnsiedlung überbaut. An der Stelle, wo sich das Theater des Kulturbundes befunden hat, steht ein Gedenkstein mit einer Bodenplatte.

57 Das Jüdische Waisenhaus
Nach England oder in den Tod

Das erste Waisenhaus der Berliner Jüdischen Gemeinde entsteht 1872 am Weinbergsweg 13 in Berlin-Mitte. Davon ist heute nichts mehr zu sehen. Völlig erhalten ist dagegen das »II. Waisenhaus der jüdischen Gemeinde zu Berlin« in der Berliner Straße 120–121 in Berlin-Pankow. Es wird 1882 gegründet, der Neubau in der jetzigen Form erfolgt 1913. Der jüdische Zigarettenfabrikant Josef Garbáty-Rosenthal stiftet den prachtvollen Betsaal mit einem Thoraschrein. Aufgenommen werden über 100 Kinder und Jugendliche ab sechs Jahren, und sie werden in allen Fächern unterrichtet. Es gibt ein Schülerorchester, einen Chor, eine Fußballmannschaft, eine Theatergruppe und eine Tischlerwerkstatt. Wenn sie außerhalb eine handwerkliche Lehre absolvieren, können sie bis zum Abschluss ihrer Ausbildung im Waisenhaus wohnen.

Im Sommer 1938 stürmt ein organisierter Nazimob das Gebäude und verwüstet die untere Etage. Nur das beherzte Auftreten des Lehrers Heinz Nadel verhindert Schlimmeres und vertreibt die Schläger. Nach dem Ausschluss jüdischer Schüler von öffentlichen Schulen Ende 1938 nimmt das Waisenhaus einen Teil dieser Jugendlichen auf. Kurt Crohn, Direktor seit 1936 und selbst einst Zögling des Waisenhauses, gelingt es, Kinder und Jugendliche mit Kindertransporten nach England in Sicherheit zu bringen. Wie viele er dadurch retten kann, ist nicht bekannt.

Ende 1942 beschlagnahmt die Gestapo das Waisenhaus. Die noch verbliebenen 48 Bewohner werden mit ihren Lehrern in das jüdische Kinderheim Auerbach in der Schönhauser Allee 162 verlegt, von dort deportiert und ermordet. Von 1943 bis Kriegsende dient das Gebäude dem Reichssicherheitshauptamt als »Zentrale Sichtvermerkstelle für Ausländerüberwachung«. Direktor Kurt Crohn wird im September 1944 in Auschwitz ermordet.

Das erhaltene Gebäude und der restaurierte prachtvolle Betsaal können während Führungen besichtigt werden.

Adresse Berliner Straße 120–121, 13187 Berlin-Pankow | **ÖPNV** S1, S2, S8, S9, U2, Haltestelle Pankow, Bus M27, Haltestelle Hadlichstraße | **Und heute** Über dem Portal des erhaltenen Gebäudes gibt es eine Gedenktafel. Im Gebäude befinden sich der Förderverein des Jüdischen Waisenhauses, die Janusz-Korczak-Bibliothek und eine Ausstellung über das Waisenhaus. Tel. 030/47531037, www.juedisches-waisenhaus-pankow.de.

58 Das Karl-Liebknecht-Haus
Von der KPD zu Horst Wessel

Schon vor dem 30. Januar 1933 greifen SA-Trupps das Karl-Liebknecht-Haus, die Zentrale der Kommunistischen Partei Deutschlands am ehemaligen Bülowplatz, immer wieder an. Die KPD, Anfang Januar 1919 neben anderen von Rosa Luxemburg und Karl Liebknecht gegründet, die beide kurz darauf erschossen wurden, und mit ihr der jetzige KPD-Vorsitzende Ernst Thälmann sind der SA besonders verhasst. Auch am 22. Januar 1933 marschieren wieder starke SA-Verbände auf und drohen, das Gebäude zu stürmen. Die Provokation beantworten die Kommunisten mit einer großen Gegendemonstration, an der trotz eisiger Kälte 130.000 Menschen teilnehmen. Am 26. Februar 1933, einen Tag vor dem Reichstagsbrand, besetzt die SA das Haus und beginnt eine Hetzjagd auf alle Kommunisten. Auf dem Dach hisst sie die Hakenkreuzfahne und benennt das Haus um in »Horst-Wessel-Haus«. Horst Wessel, 1927 Texter von »Die Fahne hoch«, Führer des Berliner SA-Sturms 5, an der Schussverletzung durch einen Kommunisten 1930 verstorben, wird von den Nationalsozialisten als Märtyrer glorifiziert. Auch der Bülowplatz wird in Horst-Wessel-Platz umbenannt.

Durch eine Denunziation wird der KPD-Vorsitzende Ernst Thälmann am 3. März 1933 in seinem Versteck, in das er nach dem Reichstagsbrand (siehe Seite 180) geflüchtet war, verhaftet. Er wird in mehreren Gefängnissen gefoltert, auch im Columbia-Haus (siehe Seite 44), und 1944 im KZ Buchenwald auf Befehl Hitlers erschossen. Die SA richtet im »Horst-Wessel-Haus« im Keller ein Gefängnis ein, in dem sie Oppositionelle und Juden foltert. Bis 1945 hat das Gebäude mehrere Funktionen: Es dient der Gestapo als »Sonderabteilung zur Bekämpfung des Bolschewismus«, ab 1935 der Finanzverwaltung als Katasteramt und ab 1937 der SA als Sitz der SA-Gruppe Berlin-Brandenburg.

In den letzten Kriegstagen wird das Gebäude stark beschädigt, Jahre später durch die SED der DDR wiederaufgebaut.

Adresse Weydinger-, Ecke Kleine Alexanderstraße 28, 10178 Berlin-Mitte | **ÖPNV** U 2, Haltestelle Rosa-Luxemburg-Platz, U 5, U 8, S 5, S 7, S 75, Haltestelle Alexanderplatz, dann 10 Minuten Fußweg | **Und heute** Das erhaltene Gebäude ist Sitz der Partei Die Linke. An der Fassade erinnert eine Tafel an die Tätigkeit der KPD.

59 Die Keller in der Wielandstraße

Hausmeister Jogmin baut Verstecke in zwei Häusern

Otto Jogmin ist Hausmeister in der Charlottenburger Wielandstraße 17–18. Weit über die Hälfte der Bewohner der beiden Häuser sind Juden, darunter ein Arzt, ein Apotheker, ein Konsul, ein Justizrat. Sie kennen Jogmins Anti-Nazi-Gesinnung, auch wenn er nicht offen darüber spricht. Mit Beginn der Deportationen bitten immer mehr der jüdischen Bewohner um seine Hilfe. Vorübergehend versteckt er sie in seiner Parterrewohnung, in der er mit seiner Frau Margarete und seiner neunjährigen Pflegetochter Vera lebt. Oder er bringt sie mit falschem Namen in den leer gewordenen Wohnungen unter und trägt sie in sein Mieterbuch als »evangelisch« ein. Er besorgt für sie Lebensmittel, Medikamente und Kleider. Mehrfach wird er denunziert und von der Gestapo verhört. Geschickt redet er sich heraus, und bevor die Gestapo die beiden Häuser erneut durchsucht, hat er für seine Schützlinge schon neue Verstecke in ausgebombten Häusern organisiert.

Dreieinhalb Jahre lang lebt in seiner Portierloge die 60-jährige Jüdin Margarete Asch, getarnt als »Frau Lehmann«, die er als seine Tante ausgibt. Schon bald verschafft er ihrer Schwester, deren Ehemann, dem Ehepaar Lieban, deren Schwägerin und ihrer Freundin Unterschlupf in »seinen« beiden Häusern oder in der Nachbarschaft.

Um noch mehr Juden aufzunehmen, baut er die beiden Keller aus und richtet sie mit allem Notwendigen ein. Er durchbricht eine Kellerwand, um sie als Fluchtweg zu benutzen. Tatkräftig hilft ihm der Direktor des Schuhhauses Leiser, Dr. Tiedjen, der mehrere Schutzsuchende auf dem Land in Sicherheit bringt. Um weiteren Gestapo-Verhören zu entgehen, muss sich Jogmin schließlich selbst in einer unbewohnten Wohnung in einem der beiden Häuser verstecken. Nicht alle kann er vor der Deportation bewahren. Otto Jogmin stirbt 1989 im Alter von 95 Jahren.

Adresse Wielandstraße 17–18, 10629 Berlin-Charlottenburg | **ÖPNV** S 5, S 7, Bus M 49, Haltestelle Savignyplatz, Bus M 19, M 29, 110, Haltestelle Olivaer Platz | **Und heute** An den erhaltenen Wohngebäuden befindet sich keine Gedenktafel. Vor den beiden Häusern sind in den Bürgersteig 13 Stolpersteine mit den Namen der Menschen eingelassen, die von hier deportiert wurden.

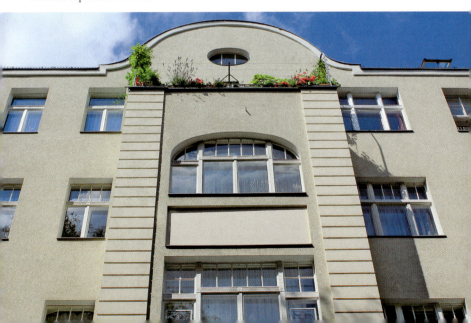

60 »Kraft durch Freude«
Wellness unterm Hakenkreuz

Blaues Meer mit weißen Segelbooten, dunkelblauer Himmel, gelber Sandstrand mit einer blonden, jungen Frau im Badeanzug. Ein bayerisches Dorf mit Kirchturm, dahinter schneebedeckte Berge. Ein Hotelpage trägt beschwingt Koffer in ein Luxushotel – so locken die Reiseplakate für Urlaube mit der »NS-Gemeinschaft Kraft durch Freude« (KdF). Gegründet wird sie im November 1933, ihre Zentrale befindet sich in der Wilmersdorfer Kaiserallee 25, heute Bundesallee.

Die Absicht dieser »NS-Gemeinschaft« ist, die Freizeit der Bevölkerung im Kollektiv zu gestalten, sie damit zu überwachen und gleichzuschalten. Die Freizeit des Einzelnen soll nicht zum persönlichen Vergnügen verwendet werden, sondern dem Staat und der Volksgemeinschaft nützen. Durch Erholung soll der Einzelne Freude schöpfen, um dann mit Kraft in einem Volkskörper aufzugehen, der dem Staat zur Verfügung steht. Letztlich auch mit vollem Kriegseinsatz.

»Kraft durch Freude« ist eine Unterorganisation der »Deutschen Arbeitsfront« (DAF), dem Einheitsverband der Arbeitnehmer und Arbeitgeber. Deren Führer ist der Reichsorganisationsleiter der NSDAP Robert Ley (1890–1945). Die »NS-Gemeinschaft« veranstaltet bunte Abende, Konzerte, Gymnastikkurse, Schwimmlehrgänge, Theaterbesuche. Ihr unterstehen in Berlin das »Theater am Nollendorfplatz«, das »Theater am Schiffbauerdamm« und das »Metropol-Theater« (siehe Seite 138). Und vor allem organisiert sie Urlaubsreisen. Mit 106.000 ehrenamtlichen und 4.400 hauptamtlichen Mitarbeitern ist sie der größte Veranstalter für Land- und Seereisen der NS-Zeit. Vier Kreuzfahrtschiffe gehören ihr. Doch als man schließlich die durch Freude aufgepumpte Kraft zur Kriegsführung benötigt, müssen 1939 die meisten Reisen eingestellt werden. Ebenso zu Kriegsbeginn die Bauarbeiten an dem riesigen, 4,5 Kilometer langen Hotelkomplex Prora auf Rügen, der für 20.000 Urlauber geplant ist.

Adresse Bundesallee 25, 10717 Berlin-Wilmersdorf | ÖPNV U 9, Haltestelle Güntzelstraße | Und heute An der Stelle der KdF-Zentrale steht heute ein großer Wohnhausblock ohne eine Hinweistafel.

61 Die Kroll-Oper
Musik, Protest, Akklamation

Als Direktor und musikalischer Leiter der Kroll-Oper bringt Otto Klemperer ab 1927 bahnbrechende Uraufführungen auf die Bühne: Werke von Arnold Schönberg, Ernst Krenek, Paul Hindemith, Igor Strawinsky. Klemperer schafft damit die moderne Oper des 20. Jahrhunderts.

Fünf Tage nach der Ernennung Hitlers zum Reichskanzler erlässt Reichspräsident von Hindenburg am 4. Februar 1933 die »Verordnung zum Schutze des deutschen Volkes« und schränkt damit die Vereins-, Versammlungs- und Pressefreiheit wesentlich ein. Als Reaktion darauf ruft Albert Einstein am 6. Februar 1933 zur Teilnahme am Kongress »Das Freie Wort« auf, der am 19. Februar 1933 im Festsaal der Kroll-Oper stattfindet. Über 900 Journalisten, Schriftsteller, Verleger und Wissenschaftler protestieren gegen die Einschränkung der Presse- und Meinungsfreiheit, darunter Käthe Kollwitz, Carl von Ossietzky, Alfred Döblin, Ernst Reuter, Heinrich Mann. Schon drei Stunden nach Beginn des Kongresses stürmen Polizeieinheiten den Saal und beenden die Veranstaltung gewaltsam.

Eine Woche später, am 27. Februar 1933, brennt der Reichstag (siehe Seite 180). Die Abgeordneten ziehen in die gegenüberliegende Kroll-Oper um. Hier gibt Hitler seine Regierungserklärungen ab, angenommen durch einstimmige Akklamationen. So wird hier am 23. März 1933 das Ermächtigungsgesetz verabschiedet, durch das sich das Parlament selbst auflöst und Hitler nun eigenmächtig Gesetze beschließen kann. Damit endet die Demokratie in Deutschland, und die Einparteiendiktatur beginnt. In der Kroll-Oper droht Hitler am 30. Januar 1939 mit der »Vernichtung der jüdischen Rasse in Europa« und verkündet am 1. September 1939 den Kriegsbeginn gegen Polen.

Im November 1943 wird die Kroll-Oper durch Bombenangriffe schwer beschädigt und bei Kriegsende völlig zerstört. 1957 wird die Ruine abgerissen.

Adresse Platz der Republik, 10557 Berlin-Mitte | **ÖPNV** U 55, Haltestelle Bundestag, Bus M 85, Haltestelle Bundeskanzleramt, Bus 100, Haltestelle Platz der Republik | **Und heute** An der Großen Querallee informiert, weitab von der ehemaligen Stelle der Kroll-Oper, nahe beim »Tipi«, eine Text- und Fototafel über das Opernhaus.

62 — Der Lustgarten
Paraden, Jubel, Hetze, »Sowjetparadies«

Schon während der Kaiserzeit und der Weimarer Republik war der Lustgarten ein beliebter Ort für Aufmärsche, Jubelparaden und Protestkundgebungen, umrahmt von Dom, Altem Museum, Zeughaus, Kronprinzenpalais und Schloss. Und das geht ab 1933 so weiter. Bereits eine Woche nach der Machtübergabe an Hitler versammeln sich am Abend des 7. Februar 1933 im Lustgarten etwa 200.000 Menschen zu einer Protestkundgebung gegen diesen neuen Reichskanzler. Und zwölf Tage darauf demonstrieren hier nochmals Tausende gegen die Nationalsozialisten.

Dann folgen die Gegenschläge: Am 1. April 1933 peitscht Joseph Goebbels an diesem Ort einem Massenpublikum seine Rechtfertigung des von ihm organisierten Boykotts der jüdischen Geschäfte ein. Am 1. Mai feiert man den »Tag der nationalen Arbeit«, verbietet am nächsten Tag die Gewerkschaften und stürmt die Gewerkschaftshäuser. 1934 wird der Lustgarten für NSDAP-Aufmärsche mit Steinplatten belegt und die störende große Granitschale beiseitegeräumt. Der vor mehr als 300 Jahren vom Großen Kurfürst Friedrich Wilhelm in Auftrag gegebene Garten, in dem man schlendern und müßiggehen konnte, dient nun der Verherrlichung des Nationalsozialismus. Riesige Hakenkreuzfahnen umwehen die Großveranstaltungen zum »Heldengedenktag«, zu Rekrutenvereidigungen oder zur Einverleibung von Österreich im März 1938. Den Sieg über die Sowjetunion suggeriert am 8. Mai 1942 vor dem Dom die Hetz-Ausstellung »Das Sowjetparadies«, auf der auch Geschütze und ein Panzer als Beutewaffen gezeigt werden.

Als Protest dagegen legen am Abend des 18. Mai 1942 Mitglieder der kommunistischen Widerstandsgruppe um Herbert Baum (siehe Seite 94) in der Ausstellung Feuer. Der Schaden ist minimal, aber die Brandstifter müssen ihren Protest mit ihrem Leben bezahlen.

Im Winter 1945 stehen im Lustgarten, umrahmt von Ruinen, kleine ärmliche Buden für den ersten Nachkriegs-Weihnachtsmarkt.

Adresse Am Lustgarten, 10178 Berlin-Mitte | **ÖPNV** S 5, S 7, S 75, Haltestelle Hackescher Markt, Bus 100, 200, Haltestelle Lustgarten | **Und heute** Vor dem Berliner Dom, Ecke Karl-Liebknecht-Straße, erinnert ein Gedenkstein an die Widerstandsgruppe Herbert Baum.

63 Die Martin-Luther-Gedächtniskirche

Kreuz und Hakenkreuz bei den »Deutschen Christen«

Die Martin-Luther-Gedächtniskirche liegt an der Mariendorfer Riegerzeile 1a. Der NS-ergebene Pastor Rieger hält bei der mit Hakenkreuzen beflaggten Einweihung der Kirche im Dezember 1935 eine flammende Nazirede.

Zwei Jahre zuvor widmet man bei der Grundsteinlegung die Kirche dem »von Gott uns geschenkten großen Führer unseres Volkes, Adolf Hitler«.

Den Taufstein schmückt ein uniformierter SA-Mann, den Triumphbogen zwischen Kirchenschiff und Altarraum ein Soldatenkopf mit Stahlhelm und ein Reichsadler mit Hakenkreuz. Das Hakenkreuz hat man nach dem Krieg entfernt. Die Kanzel ist ebenfalls umgeben von einem Soldat mit Helm, einem SA-Mann in Uniform, einem Hitlerjungen und arisch stilisierten Müttern mit ihren Kindern. Am Kreuz hängt kein leidender Jesus, sondern ein gesunder, kraftstrotzender deutscher Held.

Die Martin-Luther-Gedächtniskirche ist eine der vielen Kirchen in Berlin, die von 1932 bis 1945 der »Glaubensbewegung Deutsche Christen« angehören. Die »Deutschen Christen« sind innerhalb des deutschen Protestantismus eine rassistische, antisemitische, der Ideologie des Nationalsozialismus ergebene Kirchenpartei. Durch die Übernahme des sogenannten »Arierparagraphen« von Anfang April 1933 schließt sie Christen jüdischer Herkunft aus. Sie kämpft für die »Reinhaltung der germanischen Rasse« durch Schutz vor Juden und »Minderwertigen« und für die »Entjudung« der Bibel. Pastoren der »Deutschen Christen« schmücken ihre Kirchen mit Hitlerbüsten und Hakenkreuzfahnen.

Als Reaktion auf diese NS-Gleichschaltung gründen andere Protestanten, unter ihnen der Dahlemer Pastor Martin Niemöller, im Widerstand 1934 ihre »Bekennende Kirche«.

Adresse Riegerzeile 1a, 12105 Berlin-Mariendorf | **ÖPNV** U 6, Haltestelle Westphalweg, Bus 282, Haltestelle Rathausstraße, Kaiserstraße | **Und heute** Die Innenausstattung ist erhalten! Neben Gottesdiensten finden kulturelle Veranstaltungen statt. Besichtigung nur jeden Mittwoch von 14–18 Uhr. Führungen nach Absprache unter Tel. 030/47017446, www.mlgk.de.

64 — Die Maschinenfabrik Teves
Werkmeister Daene schützt Zwangsarbeiterinnen

Wilhelm Daene ist als Sozialdemokrat und Gewerkschaftler 1933 in Berlin in einer Widerstandsgruppe aktiv, wird von der Gestapo verhaftet und bis Ende 1934 inhaftiert und gefoltert, auch im »Hausgefängnis« der Gestapo in der Prinz-Albrecht-Straße. Nach seiner Freilassung arbeitet er ab 1935 als Metalldreher in der Maschinen- und Armaturenfabrik Alfred Teves in der Hermsdorfer Straße 14 in Berlin-Wittenau, einem Werk mit etwa 2.400 Beschäftigten. Die Belegschaft sammelt Gelder für die Familien der verhafteten Kollegen anderer Betriebe, druckt Flugblätter und lässt sie in der Fabrik und in anderen Werken kursieren.

Mit Kriegsbeginn produziert das Teves-Werk Teile für Flugzeuge, Panzer und U-Boote; Wilhelm Daene ist zum Werkmeister aufgestiegen. Ab Juni 1941 leitet er die Abteilung für 120 jüdische Zwangsarbeiterinnen und setzt sich für sie ein, indem er sie als kriegswichtige Arbeiterinnen reklamiert, um sie vor der Deportation zu schützen. Gefährdete Jüdinnen verstecken Daene und seine Frau Margarete ab 1942 in ihrer kleinen Wohnung in Konradshöhe. Weitere Verstecke verschaffen sie durch die Widerstandsorganisation um Anton Saefkow (siehe Seite 188), mit der Daene in dem Werk zusammenarbeitet. Vor der »Fabrikaktion (siehe Seite 74)« Ende Februar 1943 warnt er die Schützlinge seiner Abteilung und verschafft vielen gefälschte Ausweise, damit sie untertauchen können. Doch die meisten kann er nicht retten. Die ausstehenden Löhne der Deportierten muss das Werk an die Vermögensverwertungsstelle überweisen.

Im Spätsommer 1944 verhaftet die Gestapo mehrere Abteilungsleiter, darunter auch Daene. Fast alle verurteilt der Volksgerichtshof zu Haftstrafen, sieben zur Todesstrafe. Daene wird freigesprochen und taucht aus Furcht vor erneuter Verhaftung mit Hilfe seiner Frau bis Ende des Krieges unter. Nach dem Krieg lebt das Ehepaar Daene in Berlin-Tegel und betreibt zwei Leihbüchereien.

Adresse Hermsdorfer Straße 14, Ecke Blomberger Weg, 13437 Berlin-Wittenau | **ÖPNV** S 1, Haltestelle Wittenau, dann 15 Minuten Fußweg, Bus 322, Haltestelle Lange Enden, Bus 124, Haltestelle Hermsdorfer Straße | **Und heute** An der Stelle der Maschinenfabrik Teves steht eine Oberschule mit einer Gedenktafel für die Widerstandsorganisation um Anton Saefkow.

65 — Das Metropol-Theater
Wer sich die Welt mit einem Donnerschlag erobern will

Das Revue- und Operettentheater Metropol wird nach einer finanziellen Pleite von der NS-Organisation »Kraft durch Freude« 1934 wiedereröffnet, mit einem NS-gefälligen Spielplan. Nach der Ernennung Hitlers zum Reichskanzler steht auf dem Programm der NS-Propagandabühne die Operette »Lauf ins Glück« von Fred Raymond. 1935, im Jahr der verstärkten Aufrüstung und Kriegsvorbereitung, bejubelt das Publikum Raymonds »Ball der Nationen« mit dem Schlager »Wer sich die Welt mit einem Donnerschlag erobern will«. Und als 1936 der deutsche Luftwaffenverband »Legion Condor« zur Unterstützung Francos die republikanischen Truppen bombardiert, begeistern sich die Zuschauer für Raymonds »Auf großer Fahrt«. Ein Jahr darauf zerstört diese »Legion Condor« die nordspanische Stadt Guernica.

Während diese Raymond-Uraufführungen gefeiert werden, müssen ehemalige Metropol-Stars wie Fritzi Massary, Richard Tauber, Gitta Alpár und Komponisten wie Paul Abraham, Jean Gilbert, Oscar Straus, Emmerich Kálmán aus Deutschland fliehen oder werden in Konzentrationslagern ermordet. Leon Jessel, der das urdeutsche »Schwarzwaldmädel« schrieb, wird von der Berliner Gestapo im Polizeipräsidium so sehr gefoltert, dass er an den Folgen im Januar 1942 im Jüdischen Krankenhaus in der Iranischen Straße stirbt (siehe Seite 118).

Als Durchhalte-Theater unterhält das Metropol mit seinen Operetten und Revuen während des Krieges sein oft zweifelndes und auch verzweifeltes Publikum. Es tröstet 1942 mit dem Schlager »Es geht alles vorüber« und erheitert 1943 mit Johannes Heesters in Willy Meisels »Königin einer Nacht«. Als letzte Premiere steht auf dem Programm die Revue »Wiedersehen macht Freude«. Dann fällt der letzte Vorhang. Es muss wie alle anderen Theater in Berlin Anfang September 1944 schließen.

Im März 1945 wird es durch Bomben zerstört. Nur der wunderschöne goldene Zuschauerraum bleibt erhalten.

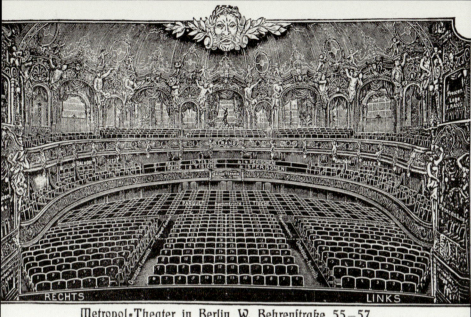

Adresse Behrenstraße 55–57, 10117 Berlin-Mitte | **ÖPNV** U 6, Haltestelle Französische Straße, S 1, S 2, S 25, U 55, Haltestelle Brandenburger Tor, Bus 200, Haltestelle Unter den Linden, Friedrichstraße | **Und heute** Das Metropol-Theater ist heute mit seinem alten Zuschauerraum die Komische Oper. Tel. 030 / 202600, www.komische-oper-berlin.de.

66 — Die Neue Reichskanzlei
Ein Protzbau für einen Milliardär

Nach nur einem Jahr Bauzeit rund um die Uhr kann Albert Speer (siehe Seite 82) Anfang Januar 1939 den fast fertigen, pompösen Protzbau seinem »Führer« übergeben. Er erstreckt sich von der Wilhelmstraße 400 Meter lang an der Voßstraße entlang bis zur Hermann-Göring-Straße, heute Ebertstraße. Die Haupteinfahrt zum offenen »Ehrenhof« liegt an der Wilhelmstraße. Von hier aus ist der Besucher gezwungen, einen Fußweg von 250 Metern durch die Vorhalle, den Mosaiksaal, den Runden Saal und die Marmorgalerie bis zum Großen Empfangssaal zurückzulegen. Dazwischen Hitlers riesiger mit Marmor verkleideter Arbeitsraum, der fast 400 Quadratmeter misst. Allein die Marmorgalerie ist doppelt so lang wie der Spiegelsaal in Versailles. Baukosten nach heutigem Wert: etwa eine Milliarde Euro. Die Neue Reichskanzlei dient der Repräsentation und soll Hitlers Macht und Größe darstellen sowie Staatsgäste einschüchtern.

Im Juni 1933 richten Industrielle die »Adolf-Hitler-Spende der deutschen Wirtschaft« ein, finanziert durch Lohnabzüge der Beschäftigten in den Betrieben. Als Gegenleistung erteilt Hitler lukrative Aufträge. Bis 1945 fließen an Spenden über 700 Millionen Reichsmark in Hitlers Privatschatulle. Nach 1933 steigt der Verkauf seines Buches »Mein Kampf« im NSDAP-eigenen Eher-Verlag rasant und damit seine Honorare. Bis 1945 verkauft der Verlag, bei dem Hitler Miteigentümer ist, zehn Millionen Exemplare. Zusätzlich ist er durch eine Abmachung mit der Reichspost am Verkauf der Briefmarken mit seinem Porträt beteiligt, was gigantische Summen einbringt. Für sein gesamtes Vermögen zahlt er keinen Pfennig Steuern.

Luftangriffe beschädigen die Neue Reichskanzlei ab 1943 schwer. Die Ruinen werden 1948 abgerissen. 1945 konfiszieren die Alliierten Hitlers Vermögen und übergeben es dem Freistaat Bayern. Durch die Währungsreform schrumpft die Summe beträchtlich. Den Rest erhält später die Bundesrepublik.

Adresse Voßstraße, 10117 Berlin-Mitte | **ÖPNV** S 1, S 2, S 25, U 55, Haltestelle Brandenburger Tor, U 2, Haltestelle Mohrenstraße, Bus 200, Haltestelle U Mohrenstraße | **Und heute** An der Stelle der Neuen Reichskanzlei befinden sich DDR-Plattenbauten und eine Kindertagesstätte. An der Ecke Voß-, Wilhelmstraße informiert eine Foto- und Textstele über die Neue Reichskanzlei.

67 Die Neue Synagoge
Ein Reviervorsteher rettet das Gotteshaus

Am Abend des 9. November 1938 bricht in der Neuen Synagoge, mit 3.200 Plätzen die größte und prächtigste Synagoge Berlins, Feuer aus. Alarmiert eilt der Reviervorsteher Wilhelm Krützfeld (1880–1953) von seinem Polizeirevier am Hackeschen Markt zur Oranienburger Straße. Er trifft dort auf SA-Männer, die im Vorraum Feuer gelegt haben und gerade dabei sind, noch andere Gebäudeteile in Flammen zu setzen. Wütend vertreibt er die SA-Männer mit vorgehaltener Pistole und ruft die »Feuerlöschpolizei«. Schnell ist sie zur Stelle und löscht den anfänglichen Brand. Das ist in dieser Nacht höchst ungewöhnlich, denn sie hat den Befehl, Synagogen niederbrennen zu lassen und nur das Übergreifen der Flammen auf benachbarte nicht jüdische Gebäude zu verhindern.

Nach schwersten Vorwürfen durch den Polizeipräsidenten, den SA-Obergruppenführer Graf von Helldorf, besteht der Reviervorsteher Krützfeld darauf, er sei seinem Gewissen gefolgt und habe als preußischer Polizeibeamter gemäß seinem Diensteid nur seine Pflicht erfüllt, für Ruhe, Ordnung und Recht zu sorgen. Nach mehreren Schikanen reicht er 1942 seine vorzeitige Pensionierung ein. Man ist froh, ihn loszuwerden. Laut der »Reichstagsbrandverordnung« und der »Lex van der Lubbe« von 1933 hätten die SA-Männer und all die anderen Brandstifter der Synagogen zum Tode verurteilt werden müssen! Nach 1940 wird die Synagoge als Lagerhalle für die Wehrmacht benutzt. Das allgemein bekannte Foto mit der lichterloh brennenden Synagoge mit dem Hinweis auf die Pogromnacht im November 1938 ist eine Fälschung. Es ist eine retuschierte Aufnahme vom November 1943, als die Synagoge durch einen Bombenangriff schwer beschädigt wird.

Der Synagogenhauptraum wird 1958 gesprengt, 1988 teilweise wiederaufgebaut und 1995 mit dem Centrum Judaicum wiedereröffnet. Wilhelm Krützfeld tritt 1945 nach dem Neuaufbau der Berliner Polizei wieder seinen Dienst an.

Adresse Oranienburger Straße 28–30, 10117 Berlin-Mitte | **ÖPNV** S 1, S 2, S 25, Haltestelle Oranienburger Straße, U 6, Haltestelle Oranienburger Tor | **Und heute** Eine Gedenktafel für Wilhelm Krützfeld ist an der Neuen Synagoge angebracht, in der die Stiftung Neue Synagoge Berlin – Centrum Judaicum ihren Sitz hat. Führung nach Anmeldung unter Tel. 030/88028300, www.centrumjudaicum.de.

68 Das Oberkommando der Wehrmacht

Befehlszentrale für Okkupation, Ausbeutung, Vernichtung

Schon im März 1935 richtet das Oberkommando der Wehrmacht in Wünsdorf bei Zossen ein Hauptquartier ein. Für die Generalität installiert Hitler Anfang Februar 1938 am Tirpitzufer ein Oberkommando der Wehrmacht unter Wilhelm Keitel (1882–1946) und setzt sich selbst als Obersten Befehlshaber der Wehrmacht ein. Im Nebenbau in der Bendlerstraße, im Bendlerblock, wird das Oberkommando des Heeres unter Walther von Brauchitsch (1881–1948) geschaffen. Bereits am 3. Februar 1933, vier Tage nach seiner Machtübernahme, hatte Hitler im Bendlerblock vor Befehlshabern der Reichswehr die »Eroberung neuen Lebensraumes im Osten und dessen rücksichtslose Germanisierung« angekündigt. Und Ende März 1941 verkündet er vor befehlshabenden Offizieren den bevorstehenden Vernichtungskrieg gegen den russischen »Bolschewismus« und die sowjetischen Juden.

Die Wehrmacht überfällt die Sowjetunion am 22. Juni 1941. Nach der Niederlage vor Moskau im Dezember 1941 wird von Brauchitsch als Oberkommandierender des Heeres entlassen. Bereits ab dieser Zeit kann der Krieg als verloren gelten. Doch nun nimmt Hitler zusätzlich die Heeresführung in die Hand. Die Wehrmacht erschießt politische Kommissare der Roten Armee, alle als Partisanen Verdächtige und große Teile der sowjetischen Zivilbevölkerung. Gemeinsam mit dem Reichssicherheitshauptamt ermordet sie die sowjetischen Juden, auch in Gaswagen. Sie lässt etwa 3,3 Millionen sowjetische Kriegsgefangene in den Lagern verhungern und erfrieren. Das ist über die Hälfte der internierten Rotarmisten.

Einen Teil des Gebäudes zerstören Bombenangriffe. Wilhelm Keitel wird im Nürnberger Prozess zum Tode verurteilt und am 16. Oktober 1946 gehängt. Walther von Brauchitsch stirbt vor Prozessbeginn 1948 in Militärhaft in Hamburg.

Adresse Reichpietschufer 74, 10785 Berlin-Tiergarten | **ÖPNV** S1, S2, S25, U2, Haltestelle Potsdamer Platz, dann 10 Minuten Fußweg, Bus M29, Haltestelle Gedenkstätte Deutscher Widerstand, M48, Haltestelle Kulturforum, Bus 200, Haltestelle Tiergartenstraße | **Und heute** In dem zum Teil erhaltenen Gebäude haben Dienststellen des Bundesverteidigungsministeriums ihren Sitz. Eine Hinweistafel fehlt.

69 »Onkel Emil«
Das heimliche Netzwerk der Ruth Andreas-Friedrich

Nach dem Novemberpogrom von 1938 bilden die Schriftstellerin und Journalistin Ruth Andreas-Friedrich (1901–1977), ihre Tochter Karin und ihr Lebensgefährte der Dirigent Leo Borchard (1899–1945) im Steglitzer Hünensteig 6 die Widerstandsgruppe »Onkel Emil«. Der Name entstand, weil Ruth Andreas-Friedrich »Onkel Emil« immer als Warnruf benutzte, wenn Gefahr zum Beispiel durch SS drohte.

An diesem ruhigen, bürgerlichen Ort versteckt die Familie in ihrer Wohnung untergetauchte Juden für kurze oder längere Zeit. Ihr Kommen und Gehen in dem kleinen Wohnhaus fällt den Bewohnern und auch dem Blockwart nicht besonders auf. Sie sind es gewohnt, dass Besucher der Journalistin und Musikschüler des Dirigenten im Haus ein und aus gehen.

Durch ihren großen Bekanntenkreis kann Ruth Andreas-Friedrich Quartiere für die ständig wachsende Zahl von hilfesuchenden Juden und anderen Verfolgten organisieren und sie mit dem Nötigsten versorgen. So machen zum Beispiel Borchards Freunde, die Komponisten Gottfried von Einem, Boris Blacher und seine Ehefrau, die Pianistin Gerty Herzog, Verstecke ausfindig. Der Konditormeister Walter Reimann und seine Frau Charlotte, die am Kurfürstendamm eine Konditorei und ein Restaurant betreiben, schaffen Lebensmittel herbei. Der Arzt Walter Seitz, der bei Schering arbeitet, der Pharmakologe Fritz von Bergmann und seine Ehefrau Christl als Ärztin versorgen die Untergetauchten mit Medikamenten. Der Buchdrucker Ludwig Lichtwitz druckt für sie nachts Ersatzausweise, Fahrtberechtigungsscheine für Busse, U- und S-Bahn und Fahrkarten. Die Gruppe arbeitet auch mit dem Gefängnispfarrer Harald Poelchau (siehe Seite 154) zusammen. Für dessen Schützlinge sammelt sie Lebensmittelkarten und liefert ihm warme Decken und Essen.

In ihrem Tagebuch »Der Schattenmann« berichtet Ruth Andreas-Friedrich über ihren Widerstand und wie sie immer wieder den Nazischergen entkommen konnte.

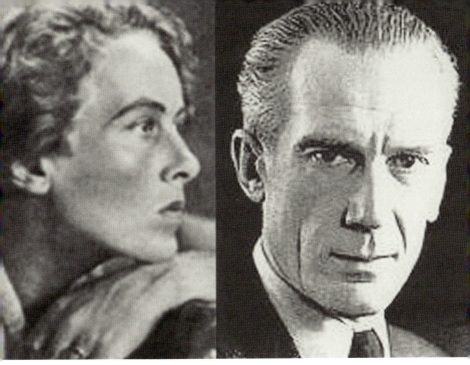

Ruth Andreas-Friedrich und Leo Borchard

Adresse Hünensteig 6, 12169 Berlin-Steglitz | **ÖPNV** S 1, U 9, Haltestelle Rathaus Steglitz, dann Bus 282, M 82, X 83, Haltestelle Steglitzer Damm, Bismarckstraße, Bus 181, Haltestelle Selerweg | **Und heute** Am Neubau des Hauses ist eine Tafel angebracht.

70 Die Organisation Todt
Der tödliche Absturz des »Führer«-Kritikers

Am Anfang seiner Karriere ist Fritz Todt (1891–1942) »Generalinspektor für das deutsche Straßenwesen«. Seine »Organisation Todt« (OT) wird im Mai 1938 durch den Bauauftrag des »Westwalls« gegründet. Ihr Sitz: Friedrichstraße 34 in Berlin-Mitte. Im März 1940 wird Todt zusätzlich »Reichsminister für Bewaffnung und Munition«. Sein Sitz: Pariser Platz 3, neben Speers Atelier. Während des Krieges baut die OT unter anderem den Atlantikwall, die Führerhauptquartiere Wolfsschanze und Werwolf, U-Boot-Bunker, Abschussrampen für die V1- und V2-Raketen sowie unterirdische Fabriken. Auf den Baustellen werden Hunderttausende ausländischer Zwangsarbeiter, Kriegsgefangener und KZ-Häftlinge eingesetzt. Dazu baut die OT in den besetzten Gebieten die zerstörten Straßen, Brücken und Eisenbahnanlagen wieder auf.

Nach der militärischen Niederlage Anfang Dezember 1941 vor Moskau versucht Todt, Hitler klarzumachen, dass der Krieg verloren sei. Vergebens. Auch bei seinem erneuten Besuch in der Wolfsschanze Anfang Februar 1942 versucht er, Hitler von der unvermeidlichen Katastrophe zu überzeugen. Es kommt zu einem heftigen Streit. Als Todt darauf mit seinem Flugzeug von Rastenburg am 8. Februar 1942 startet, stürzt er ab und wird dabei getötet. Die Ursache dieses Absturzes ist bis heute ungeklärt.

Unmittelbar danach trifft Albert Speer (siehe Seite 82) bei Hitler ein, der ihn auf der Stelle zum Nachfolger Todts ernennt. Zusätzlich zu seiner Position als »Generalbauinspektor« ist Speer nun auch »Reichsminister für Bewaffnung und Munition« und führt die »Organisation Todt« unter diesem Namen weiter. Speer treibt die Rüstung und die Kriegsproduktion radikal voran, darunter die unterirdische Raketenfabrik »Mittelbau Dora«. 1944 schuften unter seinem Kommando über 1.360.000 Zwangsarbeiter, davon etwa 10.000 »wehruntaugliche« Deutsche. Die Sterblichkeit beträgt fast 50 Prozent.

1	2	3	4	5	6	7
Oberbauleitung	Name und Sitz des Betriebes (Unternehmers) — (Firmenstempel) oder der Dienststelle	Tag des Beginns des Beschäftigungsverhältnisses	a) Art der Beschäftigung (möglichst genau angeben) b) Stundenlohn bzw. Monatsgehalt	Tag der Beendigung der Beschäftigung b) entlohnt bis einschl.	Grund für die Beendigung der Beschäftigung	Unterschrift des Unternehmers
IV	Der Generalinspektor für das deutsche Straßenwesen Organisation Todt — Zentrale —	16.8.41 abgeorten	a Bau-Ingenieur b Mon.-Geh.	16.8.41		
	O.T. Linienchef der Dg. Abschnittsbauleitung 6 — Dnjepropetrowsk —	16.8.1941 abgeordn.	Abschnittsbauleiter Gehaltsempf.	5.8.1943 31.8.1943		
3 O.B.L. Kuban	Oberbauleitung Kuban Abschnittsbauleitung Starotitorowskaja/Kuban	6.8.1943 abgeordn.	O.T. bauleiter Gehaltsempf.	17.3.44		
4	OT-Oberbauleitung Noris — Blto.2	18.3.44 abg.	Bauleiter Mon.-Geh.	15.10.44		
5	Bauhof III C O.T. Reg. 91 Batl. 412	16.10.44 abg.	Leiter Bauleitung Mon. Geh.	9.5.45	Kriegsende	

Adresse Friedrichstraße 34, 10969 Berlin-Mitte; Reichsministerium: Pariser Platz 3, 10117 Berlin-Mitte | **ÖPNV** »Organisation Todt«: U6, Bus M29, Haltestelle U Kochstraße; Reichsministerium: S1, S2, S25, U55, Bus 100, 200, M85, Haltestelle Brandenburger Tor | **Und heute** Das erhaltene Gebäude der »Organisation Todt« ist Sitz des Landesarbeitsamtes mit einem großen Reichsadler auf dem Dach. An der Stelle des Reichsministeriums für Bewaffnung befindet sich die DZ Bank.

71 Das Palästina-Amt
Zwischen Gestapo und britischer Mandatsbehörde

Das »Palästina-Amt« ist eine Dienststelle der »Jewish Agency for Palestine« und unterstützt die Auswanderung deutscher Juden nach Palästina.

Bis 1939 hat das Palästina-Amt nahezu 18.300 Berliner Juden zur Ausreise verholfen. Da jedoch Palästina unter britischem Mandat steht und die Briten für die Einwanderung besondere Zertifikate fordern, ist das Palästina-Amt den ständig schärferen Vorschriften der britischen Mandatsbehörden ausgesetzt. Dazu kommen die steigenden Schikanen der NS-Regierung. Nur mit großer Mühe kann das Palästina-Amt die nötigen Visa, Personaldokumente und Zertifikate für die britische Mandatsbehörde beschaffen.

Zur Vorbereitung bildet es Jugendliche in Camps in handwerklichen und landwirtschaftlichen Berufen aus, die in Palästina benötigt werden. Die Fahrtkosten für einen Auswanderer betragen etwa 200 Dollar. Kann dieser Betrag nicht bezahlt werden, trägt das Palästina-Amt nach Möglichkeit die Kosten. Allein 1936 sind von 3.750 Auswanderern 2.900 auf finanzielle Unterstützung angewiesen. Das Amt organisiert die Fahrt und die Schiffspassagen über Marseille oder Triest. In der Pogromnacht vom 9./10. November 1938 werden die Einrichtungen des Palästina-Amtes verwüstet. Die ebenfalls im Haus befindliche »Zionistische Vereinigung für Deutschland« und die »Jüdische Rundschau« löst die Gestapo auf. Das Palästina-Amt darf vorerst weiterarbeiten.

Da die Lage der Juden immer bedrohlicher und ihre Auswanderung zu einem Wettlauf ums eigene Leben wird, beginnt man nun auch im Palästina-Amt, Pässe zu fälschen und geheime Fluchten zu organisieren.

Im Frühjahr 1941 löst die Gestapo das Palästina-Amt auf und quartiert Referate für Religiöse Angelegenheiten ein. Bis zu seiner Schließung rettet das Palästina-Amt etwa 50.000 Juden durch Auswanderung das Leben.

Adresse Meinekestraße 10, 10719 Berlin-Charlottenburg | **ÖPNV** U 1, Haltestelle Kurfürstendamm, Bus M 19, Haltestelle U Kurfürstendamm, Bus 204, 249, Haltestelle Friedrich-Hollaender-Platz | **Und heute** Am erhaltenen Gebäude ist eine Tafel angebracht.

72__Der Passfälscher
Mit Lupe, Japanpinsel und Ösenstanzer neue Ausweise

Die jüdischen Eltern von Cioma Schönhaus (geb. 1922) stammen aus Minsk, betreiben im Berliner Scheunenviertel in der Sophienstraße eine Mineralwasserfirma und werden 1942 nach Sobibor deportiert und ermordet. Da der 20-jährige Cioma in einem Rüstungsbetrieb in Treptow Zwangsarbeit leisten muss, wird seine Deportation vorerst zurückgestellt. Er verkauft den Hausrat seiner deportierten Eltern und taucht mit dem Geld unter, um einer Deportation zu entgehen. Einen Unterschlupf findet er in der Moabiter Waldstraße und fertigt als gelernter Grafiker für sich einen gefälschten Ausweis an.

Durch eine neue Quartierssuche lernt er den ehemaligen Oberregierungsrat Franz Kaufmann (1886–1944) kennen, einen getauften Juden, den die Nationalsozialisten 1933 aus dem Amt trieben und der nun Mitglied der »Bekennenden Kirche« ist. Gemeinsam mit mehreren Helferinnen der Gemeinde versteckt Kaufmann untergetauchte Juden und benötigt für seine Schützlinge gefälschte Papiere. Als Gegenleistung für Lebensmittelkarten, die Kaufmann auf dem Schwarzmarkt besorgt, beginnt Cioma Schönhaus, für ihn Dokumente zu fälschen: Reisepässe, Kennkarten, Arbeitsbescheinigungen, Entlassungsscheine et cetera. Dabei benutzt er skurrile Werkzeuge wie den Ösenstanzer eines Schuhmachers und Japanpinsel. Als Schönhaus steckbrieflich gesucht wird, versteckt ihn Helene Jacobs (1906–1993) in ihrer Wohnung in der Bonner Straße 2 in Berlin-Schmargendorf, wo er weiter Pässe fälscht.

Durch Denunziation werden im August 1943 Kaufmann, Jacobs und Schönhaus' Fälscherwerkstatt aufgedeckt. Franz Kaufmann wird im Februar 1944 im KZ Sachsenhausen erschossen und Helene Jacobs zu zweieinhalb Jahren Zuchthaus verurteilt. Cioma Schönhaus flieht mit dem Fahrrad und gefälschten Papieren in die Schweiz.

In seiner Autobiografie »Der Passfälscher« beschreibt er sein Überleben im Untergrund.

IV. Jüdischer Paßfälscher in Berlin.

t 14. 9. 43 ist Jude Samson Schönhaus, 28. 9. 22 Berlin, Paßfälschung aus Berlin geflüchtet. Er soll Berlin mit rad in Richtung Bodensee verlassen haben, ist im Besitz gefälschten Wehrpasses und eines Postausweises auf den Namen Peter Schönhaus. Beschr.: 1,80 m. blo lks. gescheitelte Haare; kurze Kniehose, dkl. Jackett. Grenzstellen sind durch Fs. benachrichtigt. Schönhaus ist hierunter abgebildet.

Festnahme!

IV D 1 1715/43 g. 30. 9. 43. **Stapoleitstelle Berlin)**

Samson gt. Peter Schönhaus ist festzunehmen.

Adresse Bonner Straße 2, 14197 Berlin-Schmargendorf | **ÖPNV** U 3, Haltestelle Breitenbachplatz, dann 10 Minuten Fußweg, Bus 248, Haltestelle Laubenheimer Straße | **Und heute** An dem erhaltenen Wohnhaus ist eine Gedenktafel für Helene Jacobs angebracht.

73 Der Pfarrer von Tegel und Plötzensee

Harald Poelchau hilft bis zur letzten Minute

Im April 1933 wird der 29-jährige Harald Poelchau (1903–1972) evangelischer Gefängnispfarrer im Zuchthaus Tegel, wo er sich für bessere Haftbedingungen für inhaftierte Kommunisten, Sozialdemokraten, Gewerkschafter und Widerstandskämpfer einsetzt. So auch für den Theologen Dietrich Bonhoeffer und Dompropst Bernhard Lichtenberg.

Nach Kriegsbeginn besteht seine Hauptaufgabe im Wehrmachtsgefängnis Tegel in der seelsorgerischen Betreuung der vom Reichskriegsgericht wegen Wehrdienstverweigerung oder Fahnenflucht zum Tode Verurteilten. Die meisten werden an der Erschießungsstätte in der Jungfernheide exekutiert.

Poelchau ist ebenfalls für die Strafanstalt Plötzensee zuständig. Hier betreut er den 26-jährigen Richard Hüttig, der als erster politischer Häftling 1934 mit dem Handbeil enthauptet wird. Neben vielen anderen sind ihm in Plötzensee auch Mitglieder der Widerstandsorganisation »Rote Kapelle« bis zu deren Hinrichtung anvertraut, darunter Harro Schulze-Boysen und Arvid Harnack. Zudem betreut er die Gefangenen im Zuchthaus Brandenburg. Etwa 1.000 Menschen steht er am Hinrichtungsort bis zur letzten Minute bei, darunter auch seinen engsten Freunden.

Als »Religiöser Sozialist« und Mitglied der »Bekennenden Kirche« ist Poelchau dazu außerhalb der Gefängnismauern im Widerstand tätig. Er gehört dem Kreisauer Kreis an und arbeitet gemeinsam mit seiner Frau Dorothee mit der Widerstandsgruppe »Onkel Emil« (siehe Seite 146) zusammen. Sie verbergen in ihrer Wohnung in der Afrikanischen Straße 140b in Berlin-Wedding Juden.

Nach dem Krieg ist Harald Poelchau erneut Gefängnispfarrer in Tegel. In seinen Erinnerungen »Die letzten Stunden« schildert er seine Zeit von 1933 bis 1945.

Adresse Afrikanische Straße 140b, 13351 Berlin-Wedding | **ÖPNV** U 6, Haltestelle Afrikanische Straße, Bus 221, Haltestelle Nachtigalplatz | **Und heute** An dem erhaltenen Wohngebäude, in dem er von 1933 bis 1945 lebte, erinnert eine Gedenktafel an Harald Poelchau.

74 Das Polizeipräsidium
Das zentrale Gefängnis für »Schutzhaft«

Schon in der Nacht vom 30. zum 31. Januar 1933 ergreifen bewaffnete Trupps der SA und SS Kommunisten und andere Regimegegner und verschleppen sie zur »Schutzhaft« in das Polizeigefängnis am Alexanderplatz. Ebenso werden in der Nacht des Reichstagsbrandes vom 27. zum 28. Februar 1933 politische Gegner eingeliefert, darunter auch der Publizist Carl von Ossietzky. Ende 1933 quartiert sich im Polizeipräsidium eine Gestapoleitstelle des Geheimen Staatspolizeiamtes ein, die Ministerpräsident und Innenminister Göring unterstellt und damit dem Polizeipräsidenten entzogen ist. Über das Schicksal der Häftlinge entscheiden Reichsführer-SS Himmler und ab 1939 der Gestapo-Chef Heinrich Müller. Auch der seit 1935 amtierende Polizeipräsident Wolf-Heinrich Graf von Helldorf muss sich den Weisungen der Gestapo fügen.

Aus Platzgründen kann die Gestapo-Zentrale in der Prinz-Albrecht-Straße 8 in ihrem »Hausgefängnis« keine »Staatsfeinde« mehr arretieren. So werden auch sie zur Erfassung in das Polizeigefängnis am Alexanderplatz eingeliefert. Dort hält man sie bis zu ihren Verhören fest oder »verschiebt« sie in andere Gefängnisse oder Konzentrationslager.

In den Haftsälen mit dreistöckigen Pritschen mit völlig verwanzten Strohsäcken können die »Schutzhäftlinge« beliebig lang eingesperrt werden, teils bis zu einem Jahr. Meistens sind die Säle so überfüllt, dass die Inhaftierten stehen müssen. Bei Verhören schlägt man sie zu Krüppeln, viele begehen Selbstmord. Eingewiesen werden auch Missliebige aus dem gesamten Reich und aus den besetzten Ländern. Mindestens 300.000 Menschen werden bis 1945 durch das Polizeigefängnis geschleust, darunter Zehntausende Frauen.

1943 und 1944 zerstören Luftangriffe das Gefängnis zum Teil. Noch kurz vor Kriegsende werden viele Gefangene erschossen. Ende April 1945 nimmt die Rote Armee das Polizeipräsidium ein und befreit die verbliebenen Inhaftierten.

Adresse Grunerstraße 20, 10179 Berlin-Mitte | **ÖPNV** S 5, S 7, S 75, U 2, U 5, U 8, Bus 100, 200, Haltestelle Alexanderplatz | **Und heute** An der Stelle des Polizeipräsidiums steht das Einkaufszentrum »Alexa«. Davor erinnert eine Stele an den Ort.

75 Die Quäker
Die »Religiöse Gesellschaft der Freunde«

1925 zieht das »Internationale Büro« der Berliner Quäker in den Hinterhof der Prinz-Louis-Ferdinand-Straße 5 in Berlin-Mitte, heute Planckstraße 20, nahe dem Bahnhof Friedrichstraße. Die »Religiöse Gesellschaft der Freunde«, wie sich die Quäker nennen, ist eine karitative Religionsgemeinschaft, die sich für absolute Gewaltlosigkeit einsetzt und humanitäre Hilfe leistet. Schon in den 1920er Jahren machen sie auf die Gefahr des Nationalsozialismus und seines Antisemitismus aufmerksam und warnen ab 1931 vor der drohenden Judenverfolgung.

Während der NS-Zeit besteht das Berliner »Internationale Sekretariat« aus 50 Personen, darunter die beiden Engländer Laura Livingstone, Corder Catchpool und seine Frau Gwen und das Steglitzer Ehepaar Olga und Gerhard Halle. Bereits Anfang September 1940 protestiert Gerhard Halle bei der NSDAP gegen die sogenannte »Euthanasie« (siehe Seite 56).

Die Berliner Quäker helfen politisch und rassisch Verfolgten auszuwandern, indem sie ihnen Pässe für England besorgen. Bis zum Auswanderungsverbot 1941 können mit ihrer Hilfe über 1.000 Berliner Juden und Nichtjuden Deutschland verlassen. Ebenso sind sie bis 1939 daran beteiligt, die Kindertransporte ins Ausland zu organisieren. Zur Unterstützung von KZ-Häftlingen schickt das Berliner Büro über 800 Pakete in 103 Konzentrationslager. Einige Quäker-Mitarbeiter sind mit dem Gefängnispfarrer Harald Poelchau (siehe Seite 154) befreundet und helfen ihm bei seiner Arbeit.

Bei regelmäßigen Treffen mit Verfolgten werden konkrete Hilfen geleistet, obwohl immer wieder die Gefahr durch Spitzel besteht. Die Quäker stehen auch in Konflikt geratenen NSDAP-Mitgliedern bei. Wiederholt müssen Mitarbeiter zur Gestapo in die Prinz-Albrecht-Straße zum Verhör – mehrere von ihnen liefert man in Gefängnisse, Zuchthäuser oder in Konzentrationslager ein. Erstaunlicherweise schließt die Gestapo das Quäker-Büro nicht.

Ehepaar Corder und Gwen Catchpool

Adresse Planckstraße 20, 10117 Berlin-Mitte | **ÖPNV** U 6, S 1, S 2, S 5, S 7, S 25, S 75, Haltestelle Friedrichstraße | **Und heute** Im erhaltenen Gebäude haben auch heute wieder die Quäker im Hintergebäude ihren Sitz. Eine Hinweistafel am Gebäude fehlt. Tel. 030/2082284, www.quaeker.org.

76 Die Rassenhygienische Forschungsstelle

»Fliegende Arbeitsgruppen« erfassen Sinti und Roma

Die »Rassenhygienische und bevölkerungsbiologische Forschungsstelle« wird im August 1936 in Berlin-Lichterfelde als eine Abteilung des Reichsgesundheitsamtes gegründet. Der Leiter ist der Psychiater Robert Ritter (1901–1951). Ende 1941 wird Ritter in Personalunion Leiter der »Kriminalbiologischen Forschungsstelle« und ab 1942 des »Kriminalbiologischen Instituts der Sicherheitspolizei und des SD im Reichskriminalpolizeiamt«. Damit hat Ritter auch im Reichssicherheitshauptamt (siehe Seite 178) eine leitende Funktion inne.

Für Ritter gelten »Zigeuner« als »Mischlinge« und gefährden den Bestand des »gesunden Volkskörpers«. Ab Winter 1937/38 durchkämmen sogenannte »Fliegende Arbeitsgruppen« der »Rassenhygienischen Forschungsstelle« Barackenlager, Armenquartiere und Gefängnisse und erfassen reichsweit »Asoziale«, straffällig gewordene Jugendliche und vor allem Tausende Sinti und Roma.

Gemeinsam mit seiner Stellvertreterin, der Psychologin Eva Justin (1909–1966), untersucht Ritter die Erfassten anthropologisch und genealogisch. Durch ihre umfangreiche pseudowissenschaftliche Materialsammlung entsteht das »Zigeunersippenarchiv«, das zur Verfolgung der Betroffenen dient. Bis Sommer 1944 stellen sie und ihre »Forschungsstelle« fast 24.000 »Gutachtliche Äußerungen« für Sterilisierungen und Deportationen in Konzentrations- und Vernichtungslager aus. Durch diese Gutachten werden von 1938 bis 1945 reichsweit etwa 15.000 Sinti und Roma in Vernichtungslagern ermordet, davon etwa 10.500 in Auschwitz, wo es ein speziell eingerichtetes »Zigeunerlager« gibt.

Nach Kriegsende werden weder Robert Ritter noch Eva Justin strafrechtlich zur Verantwortung gezogen; sie sind im Gesundheitsdienst der Stadt Frankfurt am Main tätig.

Adresse Unter den Eichen 82–84, 12205 Berlin-Lichterfelde | **ÖPNV** S 1, Haltestelle Lichterfelde-West, Bus M 48, Haltestelle Von-Laue-Straße | **Und heute** Von dem leer stehenden Gebäude sind der Eingang und der rechte Flügel erhalten. Eine Tafel fehlt.

77 — Das Reichsaußenministerium

Der Sektgroßhändler betreibt die Shoah

Joachim von Ribbentrop (1893–1946) heiratet 1920 die Erbin der Sektkellerei Henkell, Annelies Henkell, nimmt durch Adoption den Adelstitel an und führt in Berlin einen Sektgroßhandel, der staatliche Stellen, große Hotels und Restaurants mit Henkell-Sekt beliefert. Als Nachfolger von Freiherr von Neurath wird Ribbentrop Anfang Februar 1938 Reichsaußenminister und zieht in ein Palais in der ehemaligen Wilhelmstraße 74–76 ein.

Im Hitler-Stalin-Pakt Ende August 1939 in Moskau einigt er sich mit seinem sowjetischen Amtskollegen Molotow über die Aufteilung Polens nach der Besetzung. Ein herzliches Verhältnis pflegt er mit Reichsführer-SS Himmler, der ihn 1940 zum SS-Obergruppenführer ernennt. Ribbentrop besetzt alle entscheidenden Positionen in seinem Amt mit SS-Angehörigen und richtet ein »Judenreferat« ein. In Zusammenarbeit mit Himmler und dem Reichssicherheitshauptamt betreibt er durch dieses Referat energisch die »Endlösung der Judenfrage«.

Während der ersten Deportationen bereitet er für Anfang Dezember 1941 in der Wannsee-Villa (siehe Seite 220) eine Konferenz mit Heydrich vor, in der er seine Forderungen zur »Gesamtlösung der Judenfrage in Europa« vorlegen will. Wegen der sowjetischen Gegenoffensive wird diese Konferenz, an der sein enger Vertrauter, Unterstaatssekretär Martin Luther, teilnimmt, auf den 20. Januar 1942 verschoben.

Im Nürnberger Prozess wird von Ribbentrop zum Tode verurteilt und im Oktober 1946 in Nürnberg gehängt. Sein Pressesprecher SS-Obersturmbannführer Paul Karl Schmidt hat mehr Glück: Er wird in den 1960er Jahren unter dem Pseudonym Paul Carell mit seinem kriegsverherrlichenden Buch »Unternehmen Barbarossa« Bestsellerautor.

Adresse Wilhelmstraße 84–91, 10117 Berlin-Mitte | **ÖPNV** S 1, S 2, S 25, U 55, Haltestelle Brandenburger Tor, U 2, Haltestelle Mohrenstraße, Bus 200, Haltestelle U Mohrenstraße | **Und heute** An der Stelle des Reichsaußenministeriums stehen DDR-Plattenbauten. Eine Foto- und Textstele informiert über den Ort.

78 Die Reichsbräuteschule
Dressur zur frohen deutschen Hausfrau

1937 erwirbt das Deutsche Frauenwerk e.V. auf der Insel Schwanenwerder das Villengrundstück Inselstraße 38 für 165.000 Reichsmark zur Einrichtung ihrer »Reichsbräuteschule«.

Ziel der sechswöchigen Kurse ab 1938 ist die ideologische Schulung von Verlobten höherer SS- und NSDAP-Funktionäre. Die Stammbäume der jeweils 25 jungen Teilnehmerinnen werden bis zum Jahr 1800 zurückverfolgt, um zu verhindern, dass es jüdisches Blut in ihren Familien gab. Die Bräute sollen zu tüchtigen deutschen Hausfrauen und Müttern ausgebildet werden und erhalten Unterricht in Säuglingspflege, Hausputz, Küchendienst, Kochen, Nähen, Gartenarbeiten, Blumenstecken und Basteln. Im Mittelpunkt steht jedoch die Schulung in NS-Ideologie. In der Reichsbräuteschule herrscht strengstes Regiment: Jeweils vier junge Frauen teilen sich ein Zimmer. Der Tag beginnt um 6.25 Uhr mit dem Wecken. Um spätestens 22 Uhr herrscht absolute Nachtruhe.

Leiterin ist die Reichsfrauenführerin Gertrud Scholtz-Klink. Seit 1934 befehligt sie sämtliche nationalsozialistischen Frauenorganisationen und verkörpert den germanischen Gretchentyp. Über den privaten Lebenswandel von Goebbels, Göring, Hitlers Leibarzt Morell und Reichsorganisationsleiter Robert Ley ereifert sie sich heftig. Seit 1940 ist Gertrud Scholtz-Klink mit dem SS-Obergruppenführer August Heißmeyer verheiratet. Heißmeyer ist Inspektor der Nationalpolitischen Erziehungsanstalten (Napola) für künftige NS-Führungskräfte.

1945 gerät sie in russische Gefangenschaft, flieht, kann sich mit Heißmeyer unter falschem Namen verstecken, wird 1948 verhaftet, wegen Besitzes falscher Papiere zu 18 Monaten Haft verurteilt, nach der Entlassung als Hauptschuldige 1950 entnazifiziert und zu Arbeitslager verurteilt. Die Lagerstrafe wird jedoch als abgegolten betrachtet. August Heißmeyer, ebenfalls als Hauptschuldiger entnazifiziert, wird 1950 zu drei Jahren Haft verurteilt.

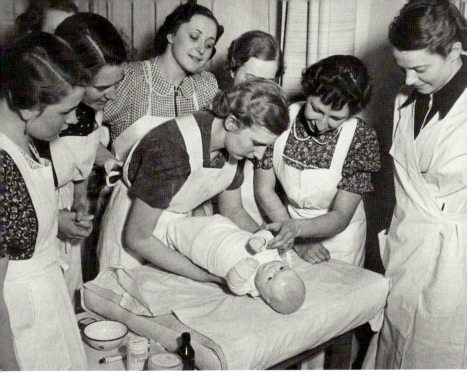

Adresse Inselstraße 38, 14129 Berlin-Nikolassee | **ÖPNV** Bus 218, Haltestelle Großes Fenster, dann 20 Minuten Fußweg, S 1, S 7, Haltestelle Nikolassee, dann nur während der Badesaison Bus 312, Haltestelle Strandbad Wannsee, dann 10 Minuten Fußweg | **Und heute** Das Grundstück ist in privatem Besitz. An der Straßengabelung vor der Nr. 38 erinnern zwei Stelen an die Reichsbräuteschule.

79 Das Reichsfinanzministerium

Ausgaben für den Krieg – Einnahmen durch Raub

Das Reichsfinanzministerium befindet sich am Wilhelmplatz, Ecke Wilhelmstraße, gegenüber dem Reichpropagandaministerium (siehe Seite 176). Reichsfinanzminister ist von 1932 bis 1945 Johann Ludwig Graf Schwerin von Krosigk (1887–1977). Sein Ministerium finanziert die Wiederaufrüstung und die Rüstungsindustrie zur Kriegsvorbereitung. Bezahlt werden diese ungeheuren Ausgaben durch Kredite. Sie betragen in den Jahren 1943/44 die Summe von 153 Milliarden Reichsmark. Gedeckt wird dieser Schuldenberg durch massive Eintreibungen. Das Ministerium raubt in Zusammenarbeit mit dem Oberfinanzpräsidenten, dem zentralen Finanzamt Moabit-West und der Gestapo das zurückgelassene Vermögen der ins Ausland geflohenen und ausgebürgerten Juden und Nichtjuden. Auswanderungswilligen presst es die »Reichsfluchtsteuer« ab und zieht auch deren Vermögen ein. Es zwingt nach dem Novemberpogrom von 1938 auf Anordnung von Hermann Göring die Juden zur Zahlung von einer Milliarde Reichsmark als »Judenvermögensabgabe«. Unter dem Decknamen »Aktion 3« beschlagnahmt es das hinterlassene Eigentum der deportierten Juden. Es plündert die Staatsvermögen der okkupierten Länder und lässt deren Landwirtschaftsprodukte ins Reich transportieren. Im letzten Kriegsjahr kassiert das Finanzministerium 23,6 Milliarden Reichsmark durch Kontributionen aus den besetzten Ländern. Es beutet die nach Deutschland deportierten Zwangsarbeiter in den Fabriken aus und profitiert durch den Arbeitseinsatz der KZ-Häftlinge.

Lutz Graf Schwerin von Krosigk wird 1949 als Kriegsverbrecher zu zehn Jahren Haft verurteilt, doch bereits im Januar 1951 aufgrund einer Amnestie aus dem Landsberger Gefängnis entlassen. Er stirbt 1977 im Alter von 90 Jahren. Das Gebäude des Reichsfinanzministeriums wird während des Krieges zerstört.

Adresse Wilhelmstraße 43, 10117 Berlin-Mitte | **ÖPNV** S 1, S 2, S 25, U 55, Haltestelle Brandenburger Tor, U 2, Haltestelle Mohrenstraße, Bus 200, Haltestelle U Mohrenstraße | **Und heute** An der Stelle befindet sich ein Versicherungsunternehmen. Eine Foto- und Texttafel weist auf das Ministerium hin, www.reichsfinanzministerium-geschichte.de.

80 — Der Reichsführer-SS
Karriere mit dem Totenkopf

Als 29-Jähriger wird Heinrich Himmler (1900–1945) »Reichsführer-SS« in München. 1933 ist er dort Polizeipräsident und Kommandeur der bayerischen Politischen Polizei und hat in dieser Funktion auch die Befehlsgewalt über das KZ Dachau. Himmler entwickelt eine krude SS-spezifische Weltanschauung, in der die SS ein »Orden« ist, mit heiligen Symbolen (zum Beispiel dem Totenkopf), Orten und Ritualen. So sollte die SS auch Zentrum eines Germanenkultes werden, der das Christentum überwindet und das deutsche Volk wieder zu seinen germanischen Wurzeln zurückführt. Unausweichlich schien ihm dabei der finale Kampf zwischen den rassisch höher stehenden Germanen und ihren minderwertigen Gegnern. Göring ernennt ihn 1934 zum Leiter der Geheimen Staatspolizei.

Ende 1934 verlegt er seine Reichsführung-SS von München nach Berlin in das »Hotel Prinz Albrecht« in der Prinz-Albrecht-Straße 9. Im Juni 1936 ernennt Hitler ihn zum »Chef der Deutschen Polizei«. Damit befehligt Himmler die gesamte Polizei: die Ordnungspolizei, die Kriminalpolizei, die Geheime Staatspolizei, und verschmilzt sie mit der SS. Zur Unterstützung seiner SS-Projekte schafft Himmler den »Freundeskreis Reichsführer-SS«. Mitglieder sind zumeist Großindustrielle wie Flick, die Chefs von Borsig, Bosch, Siemens-Halske, Oetker und die I.G. Farben, dazu Bankenvorstände der Deutschen Bank, Dresdner Bank, Commerzbank und Reichsbankdirektor Karl Blessing, ab 1958 Präsident der Bundesbank. Die Spendensumme steigt während des Krieges vermutlich auf eine Million Reichsmark jährlich an. Wegen Geheimverhandlungen mit den Alliierten über einen Waffenstillstand im April 1945 enthebt Hitler ihn von allen Ämtern und schließt ihn aus der Partei aus. Bei Kriegsende flieht Himmler, wird von den Briten gefangen genommen und begeht in der Haft in Lüneburg am 23. Mai 1945 Selbstmord durch Zyankali.

Adresse Niederkirchnerstraße 8, 10963 Berlin-Kreuzberg | **ÖPNV** S 1, S 2, S 25, Haltestelle Anhalter Bahnhof, U 2, Haltestelle Potsdamer Platz, U 6, Haltestelle Kochstraße, Bus M 29, Haltestelle Anhalter Bahnhof, Bus M 41, Haltestelle Abgeordnetenhaus | **Und heute** Auf dem Gelände befindet sich das Dokumentationszentrum »Topographie des Terrors« mit einer Freiluftausstellung. Geöffnet Mo–So 10–20 Uhr, Führungen nach Anmeldung unter Tel. 030/25450970, www.topographie.de.

81 Das Reichskriegsgericht
Für Pazifisten Todesurteile in Serie

Das Reichskriegsgericht wird im Oktober 1936 als höchster Gerichtshof der NS-Wehrmachtsjustiz gegründet. Mit Kriegsbeginn 1939 ist das Gericht zuständig für Hoch-, Landes- und Kriegsverrat, Spionage und »Wehrkraftzersetzung«, etwa durch Eid- und Kriegsdienstverweigerung sowie Fahnenflucht. Zum Tode verurteilt werden viele Soldaten wegen »defätistischer Äußerungen«, weil sie in Briefen oder im Urlaub Hitler kritisieren oder sich über die Sinnlosigkeit des Krieges beklagen.

Die Gefangenen werden aus dem Wehrmachtsgefängnis Tegel oder dem Untersuchungsgefängnis Moabit zu ihren Prozessen in die fünf knapp drei Quadratmeter engen Zellen des Reichskriegsgerichtes gebracht, wo sie bis zu ihrer Vorführung warten müssen. Bis 1943 verurteilt das Gericht über 260 Kriegsdienstverweigerer zum Tode, darunter zum Beispiel viele Angehörige der »Zeugen Jehovas« und zahlreiche Männer und Frauen des Widerstandes. Auch die meisten Mitglieder der Widerstandsgruppe »Rote Kapelle« (siehe Seite 184), darunter Harro Schulze-Boysen, seine Ehefrau Libertas, Arvid Harnack und Hans Coppi, werden vom Reichskriegsgericht zwischen Dezember 1942 und September 1943 zum Tode verurteilt und in Plötzensee hingerichtet. Die Kriegsdienstverweigerer lässt das Gericht im Strafgefängnis Plötzensee und am Schießstand in der Jungfernheide exekutieren.

Wegen der zunehmenden Luftangriffe auf Berlin verlegt das Reichskriegsgericht 1943 seinen Sitz zuerst nach Potsdam, dann nach Torgau. Insgesamt spricht es von 1936 bis 1945 etwa 1.400 Todesurteile aus.

In Berlin übernehmen ab 1943 die Wehrmachtskommandantur, das Zentralgericht des Heeres und das Fliegende Standgericht des Befehlshabers im Wehrkreis III die Verurteilungen.

Keiner der Präsidenten und 190 Richter des Reichskriegsgerichtes wird nach Kriegsende zur Verantwortung gezogen.

Adresse Witzlebenstraße 4–5, 14057 Berlin-Charlottenburg | **ÖPNV** U2, Bus 309, Haltestelle Sophie-Charlotte-Platz | **Und heute** In dem erhaltenen Gebäude sind Luxuswohnungen eingerichtet. Vor dem Gebäude erinnert eine Gedenktafel an das Gericht.

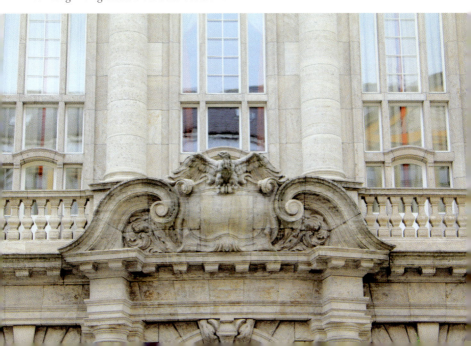

82 Das Reichsluftfahrtministerium

Hermann Göring: Terrorist und Lebemann

1936 bezieht Hermann Göring (1893–1946) sein neu errichtetes Reichsluftfahrtministerium in der Wilhelmstraße 97, mit über 2.000 Räumen das größte Bürogebäude Berlins.

Sofort nach der Machtübernahme 1933 bildet Göring aus SA-, SS- und »Stahlhelm«-Mitgliedern seine bewaffnete »Hilfspolizei«, die Regimegegner in den über 50 Kellern der SA-Sturmlokale foltert und ermordet. Er lässt die ersten improvisierten KZs errichten, gründet die Gestapo, betreibt die Aufrüstung und die Kriegsvorbereitung, ordnet die Beraubung und Verfolgung der Juden an, lässt die besetzten Länder ausbeuten, beauftragt Heydrich, die »Endlösung der Judenfrage« vorzubereiten.

Göring verfügt über 30 hoch bezahlte Ämter. Er ist unter anderem designierter Nachfolger des »Führers«, Oberbefehlshaber der Luftwaffe, Generalfeldmarschall, Präsident des Reichstags, Reichsforstmeister, Reichsjägermeister. Er bereichert sich durch »Arisierung« jüdischer Villen und Fabriken wie Fromms Gummiwerke und besitzt dadurch das Monopol für Kondome auch für die Wehrmacht. Göring protzt mit seinen selbst entworfenen Galauniformen und Orden, liebt große Mercedes-Limousinen und Luxusempfänge. Trotz der Katastrophe in Stalingrad feiert er im Januar 1943 seinen 50. Geburtstag mit extremem Prunk. Er veranstaltet Jagden in seinen Revieren, sammelt teure Weine und 1.375 Gemälde, vor allem durch Raub. Für den Kauf von Kunstwerken schenkt Hitler ihm sechs Millionen Reichsmark. In seiner Sammlung befinden sich auch Bilder der »Entarteten Kunst«.

Das Gebäude wird bei den Bombenangriffen nur leicht beschädigt und ist in seinem ursprünglichen Zustand erhalten. Hermann Göring wird 1946 im Nürnberger Prozess zum Tode verurteilt, begeht jedoch vor der Vollstreckung Selbstmord durch Zyankali.

Adresse Wilhelmstraße 97, 10117 Berlin-Mitte | **ÖPNV** S 1, S 2, S 25, Haltestelle Potsdamer Platz, U 2, Haltestelle Mohrenstraße, Bus M 48, Haltestelle Leipziger Straße, Wilhelmstraße, Bus 200, Haltestelle U Mohrenstraße | **Und heute** In dem erhaltenen Gebäudekomplex hat das Bundesfinanzministerium seinen Sitz, www.bundesfinanzministerium.de.

83 Die »Reichsparteitagfilm GmbH«

Leni Riefenstahls »unpolitische« Kunst für den Terror

Helene Riefenstahl (1902–2003) erlebt Ende Februar 1932 im Berliner Sportpalast eine Rede von Hitler und ist von ihm begeistert. Hitler sieht in der bereits international berühmten Filmregisseurin die beste filmische Propagandistin für seine Zwecke. Schnell wird sie Reichsfilmregisseurin und gründet ihre »Reichsparteitagfilm GmbH«. Ihr Filmteam umfasst 170 Mitarbeiter und ist mit modernsten technischen Mitteln ausgestattet.

In Hitlers und Goebbels Auftrag dreht sie die drei Reichsparteitagfilme »Sieg des Glaubens« (1933), »Triumph des Willens« (1935) und »Tag der Freiheit! – Unsere Wehrmacht« (1935), finanziert von der NSDAP und vom Propagandaministerium. Sie dreht 1936 die beiden Olympiafilme »Fest der Völker« und »Fest der Schönheit«, ausgestattet von Albert Speer und wieder finanziert von Goebbels' Ministerium, dieses Mal mit 1,8 Millionen Reichsmark. Honorar für die Riefenstahl: 350.000 Mark. Ihre Filme werden bei der Weltausstellung in Paris 1937 und bei den Filmfestspielen in Venedig 1938 mit Goldmedaillen ausgezeichnet.

Nach dem Überfall auf Polen dokumentiert sie die Siegesparade Hitlers im zerbombten Warschau und ist Zeugin der Erschießung von polnischen Juden durch die Wehrmacht. Von 1940 bis 1943 dreht sie den Film »Tiefland« mit Sinti und Roma auch aus dem Marzahner »Zigeunerlager« (siehe Seite 230) als Statisten. Anschließend werden sie nach Auschwitz deportiert. Nach dem Krieg behauptet sie, sie habe viele von ihnen nach 1945 wiedergesehen, ihnen sei nichts passiert. Außerdem betont sie wiederholt, Hitler sei ein guter Mensch gewesen und sie nur eine »unpolitische Künstlerin«. Bei der »Entnazifizierung« wird sie als »Mitläuferin« eingestuft und ist weiter als Filmemacherin und Fotografin international tätig. Leni Riefenstahl stirbt 2003 im Alter von 101 Jahren in Pöcking/Bayern.

Adresse Heydenstraße 30, 14195 Berlin-Schmargendorf | **ÖPNV** Bus 115, Haltestelle Dünkelbergsteig | **Und heute** Die Villa ist im Original erhalten und in Privatbesitz.

84 Das Reichspropagandaministerium

In der Hexenküche kocht der Teufel selbst

Auf Hitlers Vorschlag ernennt Reichspräsident von Hindenburg den 36-jährigen Gauleiter von Berlin Joseph Goebbels (1897–1945) im März 1933 zum »Reichsminister für Volksaufklärung und Propaganda«. Zwei Wochen darauf organisiert Goebbels den Boykott jüdischer Geschäfte am 1. April. Für sein Ministerium lässt er das alte Leopold-Palais am Wilhelmplatz abreißen und durch Speer einen gigantischen Neubau errichten. Als jüngster Minister der Regierung unterstehen ihm über 1.000 zumeist ebenfalls junge Mitarbeiter, verteilt auf über 22 Gebäude in der Stadt.

Im September 1933 gründet Goebbels die Reichskulturkammer, durch die er eine »deutsche« Kultur schaffen will. Sie umfasst die Massenmedien Presse, Rundfunk, Film, Musik, Theater, Schrifttum jeder Art, Musik und bildende Kunst. Künstler dürfen ihren Beruf nur ausüben, wenn sie Mitglied einer dieser Abteilungen sind. Ausgeschlossen werden politisch »Unangepasste« und Juden, die dadurch Berufsverbot erhalten. Goebbels und seine Mitarbeiter bestimmen, was in den Theatern gespielt wird, welche Bücher erscheinen, welche Filme produziert werden, welche Ausstellungen mit welchen Künstlern eröffnet werden dürfen.

Bei seinen »Tagesparolen-Konferenzen« diktiert er die Sprachregelungen, welche Worte in Presse und Rundfunk nicht mehr benutzt werden dürfen und welche Worte an ihrer Stelle verwendet werden müssen. Staatswichtige Artikel werden vom Ministerium verfasst und müssen in den Zeitungen wortgetreu erscheinen.

1945 zerstören Bomben den größten Teil des Hauptgebäudes. Die Reste werden während der Schlacht um Berlin niedergemacht. Währenddessen tötet seine Frau Magda im »Führerbunker« mit Hilfe eines SS-Arztes ihre sechs Kinder durch Zyankali, anschließend nehmen sie und Joseph Goebbels das Gift.

Adresse Zietenplatz, 10117 Berlin-Mitte | **ÖPNV** S 1, S 2, S 25, U 55, Haltestelle Brandenburger Tor, U 2, Haltestelle Mohrenstraße, Bus 200, Haltestelle U Mohrenstraße | **Und heute** Der Wilhelmplatz heißt nun Zietenplatz. In dem zum Teil erhaltenen Gebäudekomplex hat das Bundesministerium für Arbeit und Soziales seinen Sitz. Auf dem Zietenplatz informieren Foto- und Textstelen über den Ort.

85 Das Reichssicherheitshauptamt

Zur Sicherung des Reichs eine Mordzentrale

Nach dem Überfall auf Polen fasst Heinrich Himmler (siehe Seite 168) als »Reichsführer-SS und Chef der Deutschen Polizei« Ende September 1939 die Hauptämter der Sicherheitspolizei und des Sicherheitsdienstes zum Reichssicherheitshauptamt (RSHA) zusammen. Seinen Hauptsitz hat es im »Prinz-Albrecht-Palais« in der Wilhelmstraße 102. Das Reichssicherheitshauptamt ist eines der zwölf Hauptämter der Mammutbehörde des Reichsführers-SS Himmler.

Der erste Chef des RSHA ist von 1939 bis zu dessen Tod durch ein Attentat bei Prag Reinhard Heydrich (1904–1942). Es folgen für ein Jahr Himmler selbst und von 1943 bis 1945 Ernst Kaltenbrunner (1903–1946). Zum RSHA gehören weiterhin die Sicherheitspolizei (Sipo) und der Sicherheitsdienst (SD). Dabei ermittelt der Sicherheitsdienst Regimegegner, die die Gestapo als Amt IV unter Heinrich Müller beseitigt. Diese sieben Ämter sind wiederum untergliedert in zahlreiche Gruppen und Referate. Mit über 30 Dienststellen ist das Behördenkonglomerat RSHA über die gesamte Stadt verstreut. 1944 beschäftigt es über 50.000 Angestellte. Viele davon im Auslandseinsatz.

Das Reichssicherheitshauptamt betreibt die Verfolgung und Ermordung der Juden, der Sinti und Roma und all derjenigen, die Widerstandsgruppen angehören oder dessen nur verdächtigt werden. Es befehligt die Massenmorde der Einsatzgruppen der Sicherheitspolizei und des SD in den besetzten Ländern Europas und protokolliert deren regelmäßige Mordbilanzen, die »Ereignismeldungen«. Im Reichssicherheitshauptamt werden auch die Gaswagen zur Ermordung der sowjetischen Juden entwickelt.

Bomben zerstören im Mai 1944 das Gebäude. Ernst Kaltenbrunner wird 1946 im Nürnberger Prozess zum Tode verurteilt und gehängt.

Adresse Wilhelmstraße 102, gegenüber Kochstraße, 10963 Berlin-Kreuzberg | **ÖPNV** S 1, S 2, S 25, Haltestelle Anhalter Bahnhof, U 2, Haltestelle Potsdamer Platz, U 6, Haltestelle Kochstraße, Bus M 29, Haltestelle Anhalter Bahnhof, Bus M 41, Haltestelle Abgeordnetenhaus | **Und heute** Auf dem Gelände befindet sich das Dokumentationszentrum »Topographie des Terrors«. Eine Foto- und Textstele informiert über den Ort. Es sind noch Fundamentreste zu sehen. Geöffnet Mo – So 10 – 20 Uhr, www.topographie.de.

86 Der Reichstag
Der willkommene Brand

Am 27. Februar 1933, knapp einen Monat nach der Machtübergabe an Hitler durch den Reichspräsidenten von Hindenburg, trifft auf der Feuerwache in der Linienstraße im Bezirk Mitte um 21.14 Uhr die Meldung ein: Der Reichstag brennt! 15 Feuerlöschzüge rücken aus, können aber wegen der großen Hitze das Feuer nicht löschen, nur eindämmen.

An diesem Abend ist Hitler zu einer kleinen Feier bei den Goebbels am Charlottenburger Reichskanzlerplatz 2 eingeladen. Magda tischt Kuchen auf, man hört Musik vom Grammophon. Da kommt ein Anruf. Goebbels hält den Brand für einen Witz. Dann ein zweiter Anruf. Hitler, Goebbels und Göring eilen zum Königsplatz. Für die drei steht fest: »Das waren die Kommunisten.« Der Brand ist den Nationalsozialisten höchst willkommen. Nur wenige Stunden später unterschreibt Reichspräsident von Hindenburg die Notverordnung »Zum Schutz von Volk und Staat«, die »Reichstagsbrandverordnung«, mit der die Nationalsozialisten alle Grundrechte außer Kraft setzen. Sie bietet ihnen eine günstige Gelegenheit, alle politischen Gegner zu beseitigen und damit die absolute Mehrheit bei der Reichstagswahl am 5. März zu gewinnen. Noch in der Nacht werden Tausende von Kommunisten festgenommen, auch Sozialdemokraten, Gewerkschaftler und Reichstagsabgeordnete, über die Göring schon vor 1933 Listen angelegt hatte. Man verschleppt sie in improvisierte Folterkeller in Stammlokalen der SA. Hunderte werden ermordet.

Im Gebäude nimmt man den niederländischen 24-jährigen Maurergesellen Marinus van der Lubbe fest. Wiederholt gesteht er, das Feuer gelegt zu haben. Er wird im Dezember 1933 zum Tode verurteilt und im Januar 1934 hingerichtet. Für die Vermutung, dass die Nationalsozialisten das Feuer gelegt haben, gibt es zwar Indizien, aber keine Beweise.

Der zerstörte Plenarsaal wird nicht wiederhergestellt. Man tagt nun gegenüber in der Kroll-Oper (siehe Seite 130).

Adresse Platz der Republik 1, 10557 Berlin-Mitte | **ÖPNV** U55, Bus 100, M 85, Haltestelle Bundestag | **Und heute** Im Reichstagsgebäude residiert der Bundestag. Vor dem Gebäude erinnern gusseiserne Platten an die 96 Reichstagsmitglieder der Weimarer Republik, die von den Nationalsozialisten ermordet wurden.

87 Das Robert-Koch-Krankenhaus

Widerstand beim »Kaffeekränzchen« – nebenan die SS-Ärzte

Ab 1933 verhaften die Nationalsozialisten die jüdischen Ärzte und das jüdische Pflegepersonal im Moabiter Robert-Koch-Krankenhaus in der Turmstraße. Viele der Ärzte verschleppt der SA-Sturm 33 in seine Folterkeller in der Papestraße (siehe Seite 190).

Ende 1934 beginnt Georg Groscurth (1904–1944) in diesem Krankenhaus als Internist seine Arbeit, 1939 wird er Oberarzt der I. Inneren Abteilung. Unter seinem Schutz behandelt er politisch Verfolgte, Juden auf der Flucht und schreibt Wehrpflichtige als wehruntauglich. Einige seiner Patienten sind prominente Nationalsozialisten, darunter auch der »Stellvertreter des Führers« Rudolf Heß. Während der Konsultationen plaudert Heß einiges über neue Konzentrationslager und über den geplanten Überfall auf die Sowjetunion aus. Diese Informationen gibt Groscurth an Widerstandsgruppen weiter. Bedauerlicherweise sprudelt diese wichtigste Quelle ab Mai 1941 nicht mehr: Heß fliegt nach England, ohne Wiederkehr.

Ein geheimer Ort des Widerstandes ist das Laboratorium im Dachgeschoss des Ostpavillons. Hier trifft sich Groscurth regelmäßig mit Ärzten, Assistentinnen, Schwestern und mit seinem Freund Robert Havemann zu »Kunzes Kaffeekränzchen«, benannt nach der medizinisch-technischen Assistentin Ilse Kunze. Sie organisieren Verstecke für Juden und andere Verfolgte, während im Nebenbau SS-Ärzte über die »Sonderbehandlung« von Psychiatriepatienten entscheiden.

Im Juli 1943 gründet Groscurth mit Havemann und anderen die Widerstandsgruppe »Europäische Union« (siehe Seite 54), die bald darauf durch Denunziation verraten wird. Am 4. September 1943 wird Georg Groscurth verhaftet, vom Volksgerichtshof unter Roland Freisler zum Tode verurteilt und am 8. Mai 1944 im Zuchthaus Brandenburg enthauptet.

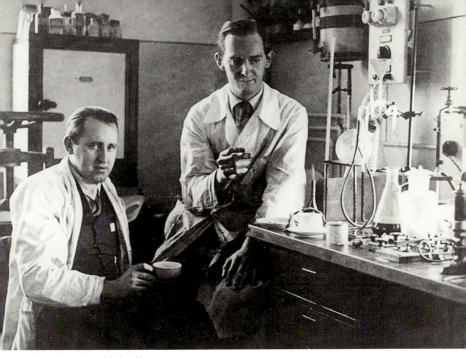

Georg Groscurth und Robert Havemann

Adresse Turmstraße 21, 10559 Berlin-Moabit | **ÖPNV** U 9, Haltestelle Turmstraße, Bus 123, 187, Haltestelle Lübecker Straße | **Und heute** Auf dem Gelände befindet sich das Gesundheits- und Sozialzentrum Moabit GSZM. Neben der Zufahrt zum Gelände ist für Georg Groscurth und in Haus M, Eingang K, für die deportierten jüdischen Ärzte je eine Gedenktafel angebracht.

88 Die »Rote Kapelle«
»Pianisten« tippen Codes nach Moskau

Die »Rote Kapelle« ist ein Netzwerk aus sieben Widerstandsgruppen mit über 150 Gleichgesinnten. Ihren Namen erhält sie von der Funkabwehr der Wehrmacht, die sie wegen ihres Tippens von Morsecodes an die Sowjetunion »Pianisten« nennt.

Kern der Berliner Gruppe sind die Freundeskreise um den Luftwaffenoffizier Harro Schulze-Boysen und seine Ehefrau Libertas, Adam Kuckhoff, Arvid Harnack und seine Frau Mildred. Ihre Aktivitäten: Beschaffung von Informationen, Schutz verfolgter Juden und Kommunisten, Hilfe zur Flucht und Ausreise durch falsche Papiere, Kontaktaufnahme zu ausländischen Zwangsarbeitern, Aufruf an die Berliner Bevölkerung zum Widerstand gegen die NS-Diktatur durch Flugblätter und an Hauswände geklebte Zettel.

Als Mitarbeiter der Nachrichtenabteilung im Reichsluftfahrtministerium (siehe Seite 172) sammelt Harro Schulze-Boysen seit 1934 kriegswichtige Informationen. Seine Ehefrau Libertas beschafft sich als Filmkritikerin ab 1939 im Propagandaministerium Bildmaterial über deutsche Kriegsverbrechen in Polen, das sie für Flugblätter verwendet. Schulze-Boysen, Arvid Harnack, Adam Kuckhoff und Hans Coppi funken ab Herbst 1940 und noch im Juni 1941 an den sowjetischen Geheimdienst Informationen über den bevorstehenden Überfall auf die Sowjetunion. Erika Gräfin von Brockdorff stellt dafür ihre Wohnung in der Friedenauer Wilhelmshöher Straße als Funkzentrale zur Verfügung. Stalin weist die Warnungen als Lügen zurück.

Im August 1942 dechiffriert die Gestapo einen der Funksprüche und verhaftet über 120 Angehörige der Berliner Gruppe. Sie werden im Dezember 1942 vom Reichskriegsgericht zum Tode verurteilt und im selben Monat in Plötzensee hingerichtet. Harro Schulze-Boysen und Arvid Harnack werden auf Befehl Hitlers an einem extra dafür angebrachten Eisenträger erhängt, was als besonders entehrend gilt. Libertas Schulze-Boysen, Hans Coppi und andere werden enthauptet.

```
2. Senat
StPL (HLS) II 129/42
StPL (RKA) III 495/42
           III 496/42
           III 497/42
```

Geheime Kommandosache!

Im Namen des Deutschen Volkes!

Feldurteil.

In der Strafsache gegen

1.) den Oberleutnant Harro S c h u l z e - B o y s e n ,
2.) die Ehefrau Libertas S c h u l z e - B o y s e n ,
3.) den Oberregierungsrat Dr. Arwid H a r n a c k ,
4.) die Ehefrau Mildred H a r n a c k ,
5.) den Oberleutnant Herbert G o l l n o w ,
6.) den Funker Horst H e i l m a n n ,
7.) den Soldat Kurt S c h u m a c h e r ,
8.) die Ehefrau Elisabeth S c h u m a c h e r ,
9.) den Dreher Hans C o p p i ,
10.) den Kraftfahrer Kurt S c h u l z e .
11.) die Gräfin Erika von B r o c k d o r f f ,
12.) den Handelsvertreter Johannes G r a u d e n z

Adresse Altenburger Allee 19, 14050 Berlin-Charlottenburg | **ÖPNV** U2, Haltestelle Neu-Westend, Bus 104, Haltestelle Altenburger Allee | **Und heute** An dem erhaltenen Wohnhaus ist eine Gedenktafel angebracht.

89 Der Rote Kiez Charlottenburg

Richard Hüttig und seine Häuserschutzstaffeln

In seinem Charlottenburger Kiez um die Potsdamer Straße, heute Seelingstraße, führt der junge Kommunist Richard Hüttig (1908–1934) seit 1930 die Häuserschutzstaffeln der KPD an. Sie schützen die Bewohner vor den Überfällen der SA. Am 17. Februar 1933 überfällt abermals ein SA-Trupp die Charlottenburger Kommunisten. Hüttigs unbewaffnete Staffel verteidigt sich. Dabei wird versehentlich ein SA-Mann von eigenen Leuten erschossen. Mitte September 1933 verhaftet man Richard Hüttig und 24 seiner Kameraden. Sechs von ihnen überleben die Folterungen nicht, zwei werden im Tempelhofer Columbia-Haus zu Tode geprügelt (siehe Seite 44). Im Prozess Anfang Februar 1934 müssen der Staatsanwalt und der Vorsitzende Richter des Sondergerichts beim Landgericht Berlin eingestehen, dass sie keine Beweise dafür haben, dass Hüttig den SA-Mann erschossen hat. Trotzdem wird er wegen schweren Landfriedensbruchs zum Tode verurteilt. Dieses Urteil soll den »bolschewistischen Spuk« in Charlottenburg beseitigen. Als erster politischer Häftling wird Richard Hüttig am 14. Juni 1934 in Plötzensee (siehe Seite 102) mit dem Handbeil enthauptet. Die anderen Mitglieder erhalten hohe Gefängnis- und Zuchthausstrafen.

Als Hüttigs Letzter Wille wird sein Leichnam als Protest gegen den NS-Terror im Wagen durch die Potsdamer Straße gefahren, in der er wohnte. Die Behörden genehmigen dies, um weitere Widerstandskämpfer abzuschrecken. Doch es kommt anders. Dicht gedrängt stehen die Menschen an den Straßenseiten, aus den Fenstern beugen sich die Bewohner, werfen Blumensträuße auf den Sarg und rufen: »Rache! Rache! Rot Front!« Die Polizisten und SA-Männer stürzen sich auf die Passanten und prügeln auf sie ein.

Der Widerstandskämpfer Jan Petersen beschreibt in »Unsere Straße«, wie das damals war.

Prozess gegen Richard Hüttig und andere

Adresse Seelingstraße 21, 14059 Berlin-Charlottenburg | **ÖPNV** U 2, Haltestelle Sophie-Charlotte-Platz, Bus 309, Haltestelle Seelingstraße, M 45, Haltestelle Schloss Charlottenburg | **Und heute** An dem erhaltenen Haus ist eine Gedenktafel angebracht.

90 Die Saefkow-Jacob-Bästlein-Organisation

»Weg mit Hitler – Schluss mit dem Krieg!«

Die KPD-Mitglieder Anton Saefkow (1903–1944), Franz Jacob (1906–1944) und Bernhard Bästlein (1894–1944) waren wegen ihrer Widerstandsaktivitäten in Konzentrationslagern inhaftiert, wurden entlassen oder konnten fliehen. Danach bauen sie 1942 eine gemeinsame Widerstandsorganisation auf und erweitern sie zu einem der größten Widerstandsnetze mit über 500 Männern und Frauen. Die Gruppe versucht mit Unterstützung aus der UdSSR eine »operative Leitung der KPD in Deutschland« zu organisieren. Ihre Aktionen erstrecken sich über weite Teile des Reiches.

Mitglieder sind neben Arbeitern auch Ärzte, Lehrer, Techniker, Geschäftsleute. Die Hälfte der Gesinnungsgenossen sind Kommunisten, die übrigen Sozialdemokraten oder gehören keiner Partei an. In Berlin finden sie Unterstützer in über 70 Betrieben, vor allem in der Rüstungsindustrie, so bei den Deutschen Waffen- und Munitionswerken, bei der AEG, Borsig, Rheinmetall, Daimler-Benz, Siemens, Askania und bei der Maschinenfabrik Teves (siehe Seite 136). Sie helfen Juden zur Flucht, verstecken Untergetauchte, beschaffen ihnen Ausweise, versorgen sie mit Kleidung, Geld und Lebensmitteln. Sie nehmen Kontakt mit Zwangsarbeitern und Kriegsgefangenen auf, verteilen Flugblätter, in denen sie zum Sturz des Hitlerregimes und zur Beendigung des Krieges aufrufen. Dabei müssen sie für sich selbst immer wieder neue Verstecke organisieren.

Durch die Denunziation eines Spitzels verhaftet die Gestapo Anfang Juli 1944 300 Mitglieder. In 76 Prozessen werden 67 Männer und Frauen vom Volksgerichtshof (siehe Seite 216) zum Tode verurteilt und in Brandenburg und Plötzensee hingerichtet, viele ermordet man in Konzentrationslagern, oder sie sterben bereits während der Haft. Saefkow, Jacob und Bästlein werden im September 1944 im Zuchthaus Brandenburg durch das Fallbeil enthauptet.

Anton Saefkow – Franz Jacob – Bernhard Bästlein

Adresse Trelleborger Straße 26, 13189 Berlin-Pankow | **ÖPNV** U 2, Haltestelle Vinetastraße, Bus 250, Haltestelle U Vinetastraße | **Und heute** Am erhaltenen Wohnhaus erinnert eine Gedenktafel an Anton Saefkow.

91 Das SA-Gefängnis Papestraße

Eine der vielen Folterstätten

Das SA-Gefängnis General-Pape-Straße befindet sich am Werner-Voß-Damm 54a beim Bahnhof Papestraße (heute Südkreuz) und gehört zu den ehemaligen Kasernen des Eisenbahnregiments 2. Der preußische Ministerpräsident und Innenminister Hermann Göring erklärt durch seinen Erlass vom 22. Februar 1933 SA- und SS-Einheiten und den paramilitärischen Verband »Stahlhelm« zur bewaffneten »Hilfspolizei« und fordert sie auf, gegen »Staatsfeinde« auch die Schusswaffe einzusetzen. Derart legitimiert, nehmen diese Schlägertrupps Regimegegner und Juden fest und verschleppen sie in ihre improvisierten Gefängnisse, meistens Keller in ihren Sturmlokalen. Schnell gibt es in Berlin in der ersten Jahreshälfte 1933 etwa 100 solcher Folterstätten.

Eine davon ist das SA-Gefängnis in dem riesigen Kasernenkomplex Papestraße unter der Führung der »SA-Feldpolizei«. Die SA-Feldpolizei ist eine im Februar 1933 aufgestellte Sonderformation der SA. Von März bis Dezember 1933 hält diese SA-Sondereinheit über 2.000 Männer und Frauen in den Kellern des Werner-Voß-Damms 54a gefangen, darunter KPD- und SPD-Mitglieder, Gewerkschaftler, jüdische Ärzte, Rechtsanwälte, Geschäftsinhaber und auch der Hellseher Erik Jan Hanussen. Die Frauen sind von den Männern getrennt inhaftiert. Die sanitären Anlagen sind katastrophal, das wenige Essen ist ungenießbar. Die Gefangenen werden gezwungen, weitere Regimegegner zu nennen. Sie werden gefoltert, indem man sie mit Peitschen blutig schlägt, ihnen die Haare ausreißt, ihre Fußsohlen anbrennt, ihnen Säure in die Harnröhre spritzt, sie in einen Sarg zwängt und ihn zunagelt. Frauen werden vergewaltigt. Die Haftzeit kann mehrere Tage, Wochen oder Monate dauern. Viele überleben diese Foltern nicht. Die Entlassenen müssen unterschreiben, dass sie gut behandelt worden seien.

Adresse Werner-Voß-Damm 54a, 12101 Berlin-Tempelhof | **ÖPNV** S 2, S 25, S 41, S 42, S 45, S 46, Haltestelle Südkreuz, Bus 184, 248, Haltestelle Gontermannstraße, Bus M 46, Haltestelle Südkreuz | **Und heute** Am erhaltenen Gebäude erinnert eine Gedenktafel an diesen Ort. Im Gebäude befindet sich eine Dauerausstellung. Geöffnet Di, Mi, Do, So 14–18 Uhr, Tel. 030/902776163, www.gedenkort-papestrasse.de.

92 Das Sammellager Levetzowstraße

Wenn 1.000 Personen vollzählig, Abschub

Anfang Oktober 1941 befiehlt die Gestapo der Jüdischen Gemeinde, in der ehemaligen Synagoge in der Levetzowstraße ein Sammellager für etwa 1.000 Personen einzurichten. Angeblich zur »Teilevakuierung zum Arbeitseinsatz im Osten«. Es ist das erste Sammellager in Berlin. Die liberale, in der Pogromnacht vom 9. zum 10. November 1938 nur wenig beschädigte Synagoge ist eine der größten der Stadt.

In der Nacht vom 16. zum 17. Oktober 1941 holen Gestapo-Männer die ersten zur Deportation bestimmten Juden aus ihren Wohnungen und transportieren sie auf Lastwagen zur Sammelstelle. Mitnehmen dürfen sie pro Person nur bis zu 50 Kilo Gepäck und 50 Reichsmark. All ihren sonstigen Besitz hat schon vor ihrer Abholung der Oberfinanzpräsident beschlagnahmt. Dicht gedrängt sitzen und liegen die Menschen in der überfüllten Synagoge. Alle mit dem gelben Stern. Die Fenster sind verriegelt. Viele glauben tatsächlich, dass sie nach ihrem »Arbeitseinsatz« zurückkehren werden. Andere ahnen, was man mit ihnen vorhat, und begehen Selbstmord durch mitgebrachtes Gift oder stürzen sich von der Estrade in den Tod. Alte Menschen erliegen einem Herzinfarkt. Zwei Tage darauf, am 18. Oktober, beginnt die »Ausschleusung zur Verbringung der Transportteilnehmer« zur ersten Deportation nach Lodz (Litzmannstadt). Die Gestapo kontrolliert das Gepäck, macht Leibesvisitationen, nimmt Schmuck, Seife und Zahnpasta ab und registriert alles für die Vermögensverwertungsstelle.

Bei strömendem Regen müssen die etwa 1.000 Juden, bepackt mit ihren Koffern, Rucksäcken und Wäschebündeln, den langen Weg zu Fuß quer durch die Stadt zum Bahnhof Grunewald gehen. Nur Alte, Kranke und kleine Kinder werden in offenen Lastwagen gefahren.

Die Synagoge wird bis zum 9. Juni 1942 als Sammellager benutzt, durch Bomben zerstört und 1956 abgerissen.

Adresse Levetzowstraße 7–8, Ecke Jagowstraße, 10555 Berlin-Moabit | **ÖPNV** U9, Haltestelle Hansaplatz, dann 10 Minuten Fußweg, Bus 106, Haltestelle Zinzendorfstraße, Bus 101, 245, Haltestelle Franklinstraße | **Und heute** An der Stelle der Synagoge befinden sich ein Schulhof und ein Kinderspielplatz. Ein Mahnmal erinnert an den Ort.

93 — Schwanenwerder

Das Inselparadies der NS-Bonzen

Auf der Insel gehört ein großer Teil der Grundstücke mit ihren Villen vor allem Juden, meistens Bankiers. Dann greifen Goebbels, Speer, Hitlers Leibarzt Morell und die Reichskanzlei zu. Mittels »Arisierung« erpressen sie die jüdischen Eigentümer, ihre Grundstücke und Villen zu Schleuderpreisen an die NS-Prominenz zu verkaufen.

So kauft Joseph Goebbels 1936 das Areal Inselstraße 8–10 an dem nördlichen Ufer mit Villa, Gästehaus, Garagen, Bootshaus und zieht mit 30 Bediensteten ein. Zwei Jahre später kauft Goebbels zusätzlich das Nachbargrundstück 12–14. Er lässt darauf ein luxuriöses Gästehaus speziell für Hitlers Besuche errichten und ein ehemaliges Stallgebäude zu einem Filmvorführsaal umbauen. Auf seiner Luxus-Motorjacht und Segeljacht vergnügt er sich mit den weiblichen Filmstars der Ufa. Mit der Schauspielerin Lída Baarová, die auf dem Nachbargrundstück Inselstraße 18 mit dem Schauspieler Gustav Fröhlich wohnt, unterhält Goebbels seit 1936 eine Liebesbeziehung. 1938 erzwingt Hitler die Auflösung dieser Liaison. Nach dem Wegzug von Lída Baarová und Gustav Fröhlich 1941 bezieht Albert Speer mit seiner Familie vorübergehend die Villa.

1939 kauft der Leiter der Reichskanzlei Hans-Heinrich Lammers das Grundstück 19–22 samt Villa für das Reich und schenkt es Hitler zu dessen 50. Geburtstag. Doch Hitler wohnt in dieser Villa nie. Noch ein Stück weiter lässt sich 1939 Theodor Morell auf dem Villengrundstück Inselstraße 23–26 nieder. Das Inseldomizil dient Morell nur als Sommerresidenz, in der er Hitler und Goebbels zu Gesprächen bei Obsttörtchen und Tee empfängt. Und am südlichen Ufer kauft Albert Speer 1938 das Areal Inselstraße 7 zusätzlich zu seinem Landhaus in der Schopenhauerstraße 31 in Berlin-Schlachtensee. Vier Jahre später verkauft er das Anwesen mit einem »Judengewinn« von 240.000 Reichsmark an die Deutsche Reichsbahn.

Adresse Schwanenwerder, 14129 Berlin-Nikolassee | **ÖPNV** Bus 218, Haltestelle Großes Fenster, dann 20 Minuten Fußweg, S 1, S 7, Haltestelle Nikolassee, dann nur während der Badesaison Bus 312, Haltestelle Strandbad Wannsee, dann 10 Minuten Fußweg | **Und heute** Auf den Grundstücken befinden sich Privatvillen oder Jugenderholungsheime. An der Straßengabelung erinnern fünf Stelen an die einstigen jüdischen Eigentümer.

94 Das schwesterliche Hilfswerk

Elisabeth und Julie Abegg helfen 80 Verfolgten

Die promovierte Studienrätin und Quäkerin Elisabeth Abegg (1882 bis 1974) wird wegen ihrer NS-Kritik 1935 vom Luisen-Oberlyzeum in Berlin-Mitte strafversetzt und 1941 aus gleichem Grund vom Schöneberger Rückert-Gymnasium in den »Ruhestand« gezwungen. Doch Ruhe gibt Elisabeth Abegg nicht, trotz gekürzter Pension. Zusammen mit ihrer Schwester Julie organisiert sie mit Freunden und Bekannten ein Hilfswerk, um verfolgte Menschen zu verstecken.

In ihrer Dreizimmerwohnung am Tempelhofer Damm 56 nimmt sie im Februar 1943 die jüdische Kindergärtnerin Liselotte Pereles mit ihrer neunjährigen Pflegetochter Susanne auf. In der Wohnung leben bereits Elisabeths körperbehinderte ältere Schwester Julie und ihre alte Mutter. Dazu kommen im Frühjahr 1943 fünf ihr unbekannte Personen. Das schwesterliche Hilfswerk spricht sich unter den Hilfesuchenden schnell herum. So müssen Elisabeth und Julie Abegg gemeinsam mit ihren Unterstützern immer wieder neue Verstecke organisieren. Doch wegen der Zerstörungen durch Bombenangriffe müssen sie für die bedrohten Familien und ihre Kinder stets neue Quartiere beschaffen. Sie versorgen ihre Schützlinge mit Nahrung, Geld, Kleidung und gefälschten Papieren, abgestempelt mit einem Stempel, den Elisabeth Abegg in einem Polizeirevier gestohlen hat. Da die Kinder keine Schule besuchen können, unterrichten die Schwestern sie während ihres geheimen Aufenthalts in Schreiben und Lesen.

Bis 1945 verbergen die beiden Schwestern in ihrer Wohnung und in anderen Verstecken mit Hilfe ihres Netzwerkes etwa 80 Personen und retten ihr Leben. Auch nach 1945 unterstützen Kriegsopfer und nehmen sie in ihre Wohnung auf.

Elisabeth Abegg stirbt 1974 im Alter von 92 Jahren. Bestattet ist sie auf dem Wilmersdorfer Friedhof, neben ihrer Mutter, ihrer Schwester Julie und der adoptierten Liselotte Pereles.

Elisabeth Abegg

Adresse Tempelhofer Damm 56, 12101 Berlin-Tempelhof | **ÖPNV** U 6, Haltestelle Paradestraße | **Und heute** Am erhaltenen Wohnhaus ist eine Gedenktafel angebracht.

95 — Der Sportpalast
Einpeitschung zum »Endsieg«

Boxkämpfe, Eisrevuen, Reitturniere, Konzerte und die Sechstagerennen mit »Krückes« Pfiffen zum »Sportpalastwalzer« finden im 1910 erbauten Sportpalast ihr begeistertes Publikum. Auch bei Massenkundgebungen mit Hitler und Goebbels jubelt das Volk schon vor 1933. Bereits 1929 ist Magda Quandt, die reiche, frisch geschiedene Frau des Großindustriellen Günther Quandt, von Goebbels (siehe Seite 176) so sehr begeistert, dass sie ihn zwei Jahre später heiratet. Hier erlebt die Schauspielerin und Filmregisseurin Leni Riefenstahl den fulminanten Redner Hitler, der »neue Menschen züchten« will, und wird seine Reichsfilmemacherin (siehe Seite 174).

Im Februar 1942 fordert der Reichsorganisationsleiter der NSDAP Robert Ley in dieser größten Halle der Stadt: »Juda wird und muss fallen. Juda wird und muss vernichtet werden!« Zum Erntedankfest verkündet im Oktober 1942 Reichsmarschall Hermann Göring im Sportpalast, dass große Teile der sowjetischen Bevölkerung verhungern sollen, damit die Deutschen nicht hungern müssen. In der Folgezeit werden Millionen Tonnen Lebensmittel in das Reich abtransportiert und die Sowjetbürger dem Hunger ausgeliefert.

Zwei Wochen nach der Kapitulation der 6. Armee in Stalingrad im Februar 1943 brüllt Goebbels ausgewählten Anhängern seinen fanatischen Durchhalteappell entgegen, mit der berüchtigten Frage: »Wollt ihr den totalen Krieg? Wollt ihr ihn totaler und radikaler, als wir ihn uns heute überhaupt vorstellen können?« Die Menge antwortet ihm begeistert: »Jaaa!« Nach seiner Rede gesteht Goebbels: »Stunde der Idiotie. Hätte ich gesagt, springt aus dem Fenster eines dreistöckigen Hauses, sie hätten es auch getan.«

Auf den Tag elf Jahre nach der Machtübernahme der Nationalsozialisten wird der Sportpalast am 30. Januar 1944 zur Ruine gebombt. Nach dem Krieg stellt man ihn stark vereinfacht für Veranstaltungen wieder her und reißt ihn 1973 ab.

Adresse Potsdamer Straße 172, Ecke Pallasstraße, 10785 Berlin-Schöneberg | **ÖPNV** U 2, Haltestelle Bülowstraße, U 7, Haltestelle Kleistpark, Bus M 48, M 85, 106, 187, 204, Haltestelle Goebenstraße | **Und heute** An der Stelle des Sportpalastes befindet sich der unschöne Wohnkomplex »Sozialpalast«. Eine Tafel erinnert an den Ort.

96 Die SS-Leibstandarte Adolf Hitler

Einsatz bei Empfängen, Paraden und Massenmorden

Nach seiner Ernennung zum Reichskanzler bildet Hitler für seinen persönlichen Schutz im März 1933 das »SS-Wachbataillon Berlin« unter dem Kommando des SS-Gruppenführers Josef (»Sepp«) Dietrich (1892–1966). Es wird auf Hitlers Person vereidigt und hat sein Hauptquartier in der Kaserne der ehemaligen Kadettenanstalt in der Finckensteinallee 63 in Berlin-Lichterfelde. Anfang September 1933 wird das Wachbataillon in »SS-Leibstandarte Adolf Hitler« umbenannt. Sie versteht sich als politische und rassische Elite. Um »germanische Männlichkeit« zu symbolisieren, müssen die Angehörigen eine überdurchschnittliche Körpergröße haben und höchsten gesundheitlichen und rassischen Anforderungen entsprechen.

Die SS-Leibstandarte wird bei Empfängen und Paraden für Repräsentations- und Sicherheitsaufgaben eingesetzt. Zugleich sind Mitglieder der Leibstandarte im Rahmen des sogenannten »Röhm-Putsches« auch an der Liquidierung von circa 200 SA-Männern beteiligt. Nach Kriegsbeginn wird die Leibstandarte in die Waffen-SS eingegliedert und zu einer SS-Panzerdivision ausgebaut, die Kriegsgefangene, Juden und Partisanen erschießt.

Nach 1945 nehmen die Amerikaner die zum Teil erhaltene Kaserne in Besitz. Seit 1996 ist in einem Neubau das Bundesarchiv angesiedelt. Josef »Sepp« Dietrich, SS-Oberstgruppenführer, Generaloberst der Waffen-SS, Kommandant der »SS-Leibstandarte Adolf Hitler« und ihrer SS-Panzerdivision, wird im Nürnberger Prozess 1946 zu lebenslanger Haft verurteilt, jedoch bereits 1955 begnadigt und freigelassen. Zwei Jahre darauf wird er wegen seiner SA-Morde zu 18 Monaten Haft verurteilt, doch nach sechs Monaten entlassen. Danach engagiert er sich für die HIAG, den Verein für ehemalige Waffen-SS-Angehörige, und stirbt im Alter von 74 Jahren 1966 in Ludwigsburg.

Adresse Finckensteinallee 63, 12205 Berlin-Lichterfelde | **ÖPNV** S 1, Haltestelle Lichterfelde-West, dann Bus M 11, Haltestelle Karwendelstraße | **Und heute** Auf dem Gelände befindet sich das Bundesarchiv, www.bundesarchiv.de. Am Eingangstor zum Gelände sind an den Innenseiten der beiden Säulen noch die Einlassungen von großen Schwertern zu sehen.

97 Das SS-Wirtschaftshauptamt

Behörde für Ausbeutung bis zum Tod

Das »SS-Wirtschafts- und Verwaltungshauptamt« (WVHA) Unter den Eichen 135 in Berlin-Lichterfelde liefert die Juden vor ihrer Deportation der Industrie zur Zwangsarbeit aus; es beschlagnahmt nach ihrer Deportation ihre Wohnungen samt Hausrat, Schmuck, Sparbüchern und Bankkonten; und es verwertet nach ihrer Ermordung in den Vernichtungslagern ihre Haare, Schuhe, Kleider und Zahnfüllungen. Das WVHA leitet ab Februar 1942 der SS-Obergruppenführer und General der Waffen-SS Oswald Ludwig Pohl (1892–1951).

Als Chef der »Generalinspektion Konzentrationslagerwesen« sind ihm alle Konzentrationslager unterstellt. Damit ist er auch zuständig für die Ausbeutung der Häftlinge in den KZs bis zu deren Tod. Das WVHA ist eines der zwölf Hauptämter des Reichsführers-SS Heinrich Himmler (siehe Seite 168). Dieses riesige Hauptamt ist in fünf Amtsgruppen untergliedert, die ihrerseits wiederum zahlreiche Ämter umfassen. So ist eine der Amtsgruppen für die finanzielle Ausnutzung aller Konzentrations- und Vernichtungslager zuständig, eine andere Amtsgruppe für alle SS-eigenen Wirtschaftsunternehmen in und außerhalb der KZs.

Zu den SS-Betrieben gehören unter anderem die unterirdischen Fabriken für die Rüstungsindustrie, die Steinbruch-Werke des Konzentrationslagers Mauthausen, die Porzellanmanufaktur Allach (KZ Dachau) oder auch der Getränkehersteller »Apollinaris«. Allein im Reich besitzt die SS etwa 500 Betriebe. Aufgrund des Einsatzes der Häftlinge ist sie der zweitgrößte »Arbeitgeber« des Regimes.

Während des Nürnberger Prozesses behauptet Pohl, er sei allen Unmenschlichkeiten energisch entgegengetreten. Er wird 1947 zum Tode verurteilt und 1951 in Landsberg gehängt. Das Gebäude wird bei Kriegsende zu einer Ruine gebombt und nach 1945 fast originalgetreu wiederaufgebaut.

Adresse Unter den Eichen 135, 12203 Berlin-Lichterfelde | **ÖPNV** S 1, U 9, Haltestelle Rathaus Steglitz, dann 10 Minuten Fußweg oder weiter mit M 48, Haltestelle Braillestraße oder Botanischer Garten | **Und heute** In dem wiedererrichteten Gebäude hat das Bundesamt für Bauwesen und Raumordnung seinen Sitz. Eine Wandtafel und eine Text- und Fotostele informieren über das SS-Hauptamt.

98 Stauffenbergs Dienstsitz
Nicht der Nationalsozialismus, der Chef muss weg

Für Claus Schenk Graf von Stauffenberg (1907–1944) ist der Versailler Vertrag von 1919 eine Knechtung des deutschen Volkes und seiner Ehre. Den Befreiungsschlag sieht er im Krieg und macht durch Kriege eine steile Karriere. Beim Überfall auf Polen im September 1939 rückt er als Generalstabsoffizier mit seiner Panzerdivision ein und schreibt an seine Frau Nina: »Die polnische Bevölkerung ist ein unglaublicher Pöbel. Ein Volk, das sich unter der Knute wohlfühlt.« Beim Einmarsch in Frankreich im Mai 1940 ist er schon Hauptmann im Generalstab. Und beim Überfall auf die Sowjetunion im Juni 1941 ist der 34-Jährige bereits Major im Generalstab.

In Tunesien verliert er im April 1943 durch einen britischen Tieffliegerangriff das linke Auge, die rechte Hand und zwei Finger der linken Hand. Man rät ihm, aus dem Militärdienst auszuscheiden, doch er will weiter Krieg führen. Im Oktober 1943 wird er Stabschef im Allgemeinen Heeresamt im Bendlerblock (ehemals Bendlerstraße), und am 1. Juli 1944, drei Wochen vor seinem Attentat, befördert ihn Hitler persönlich zum Stabschef und Stellvertreter des Befehlshabers des Ersatzheeres. Im Osten, Westen und Süden nähern sich die Rote Armee und die Alliierten unaufhaltsam den Reichsgrenzen. Stauffenbergs Aufgabe: Auffüllung der zusammenbrechenden Fronten mit Ersatz an Menschen- und Kriegsmaterial.

In der Überzeugung, dass Hitler als Oberster Befehlshaber der Wehrmacht versagt habe, will er ihn beseitigen, nicht aber den Nationalsozialismus. Gemeinsam mit den heranrückenden Alliierten will er mit der Wehrmacht den Krieg gegen die Sowjetunion weiterführen bis zu ihrer Vernichtung. Mit Albert Speer als Rüstungsminister.

Am 20. Juli 1944 scheitert sein Attentat auf Hitler. Stauffenberg und seine Mitverschwörer von Haeften, von Quirnheim und Olbricht werden am 21. Juli 1944 um 0.30 Uhr im Hof des Bendlerblocks erschossen.

Adresse Stauffenbergstraße 13–14, 10785 Berlin-Tiergarten | **ÖPNV** S 1, S 2, S 25, U 2, Haltestelle Potsdamer Platz, dann 10 Minuten Fußweg, Bus M 29, Haltestelle Gedenkstätte Deutscher Widerstand, Bus M 48, Haltestelle Kulturforum, Bus 200, Haltestelle Tiergartenstraße | **Und heute** Im Hof des erhaltenen Gebäudes steht ein Ehrenmal, und an der Wand ist eine Gedenktafel angebracht. Im Gebäude befinden sich Stauffenbergs Arbeitszimmer und die »Gedenkstätte Deutscher Widerstand«, www.gdw-berlin.de.

99 Die Stellvertreter des »Führers«

Rudolf Heß fliegt davon, Martin Bormann nimmt Zyankali

Während der Kaiserzeit dient das Gebäude Wilhelmstraße 64 als Geheimes Zivilkabinett Wilhelm II., bis 1932 als Amtssitz des SPD-Ministerpräsidenten Otto Braun und bis 1933 als Dienstwohnung des preußischen Staatsratspräsidenten Konrad Adenauer. 1933 lassen sich Rudolf Heß und Martin Bormann dort nieder.

Rudolf Heß (1894–1987) hatte während seiner gemeinsamen Haft mit Hitler in Landsberg diesem bei dessen Niederschrift von »Mein Kampf« assistiert. So ernennt Hitler in alter Verbundenheit seinen Privatsekretär Heß im April 1933 zum »Stellvertreter des Führers in der NSDAP«. Zu seinem Stabsleiter bestimmt Heß Martin Bormann. Als Stellvertreter prüft Heß die Gesetze und Personalentscheidungen, ob sie mit der nationalsozialistischen Ideologie übereinstimmen. Zu seinem Amt gehört auch der »Verbindungsstab der NSDAP«. Heß und sein Stab beteiligen sich an der Formulierung der Nürnberger Gesetze von 1935 und an den Gesetzen zur Verfolgung und Beraubung der Juden. Im Mai 1941 fliegt Heß für eigenmächtige Friedensverhandlungen nach England und wird von den Briten interniert.

Daraufhin wird Martin Bormann (1900–1945) sein Nachfolger unter der Amtsbezeichnung »Chef der Parteikanzlei der NSDAP« in der Neuen Reichskanzlei. Als Chef der Parteikanzlei verschärft Bormann die antisemitischen Gesetze und die Vernichtungspolitik. Er wird zum engsten Vertrauten Hitlers, der ihn im April 1943 zum »Sekretär des Führers« ernennt. Rudolf Heß wird nach seiner Auslieferung durch die Briten im Nürnberger Prozess 1946 zu lebenslanger Haft verurteilt und begeht 1987 im Spandauer Kriegsverbrechergefängnis Suizid. Martin Bormann tötet sich nach seiner Flucht aus dem »Führerbunker« in der Nähe des Lehrter Bahnhofs durch Zyankali.

Bomben zerstören das Gebäude. Nach dem Krieg wird es im alten Stil wiederaufgebaut.

Adresse Wilhelmstraße 54, 10117 Berlin-Mitte | **ÖPNV** U 2, Haltestelle Mohrenstraße, Bus 200, Haltestelle U Mohrenstraße | **Und heute** In dem wiedererrichteten Gebäude hat das Bundesministerium für Ernährung, Landwirtschaft und Verbraucherschutz seinen Sitz. Eine Text- und Bildtafel erinnert an die Geschichte des Hauses.

100 Die St.-Hedwigs-Kathedrale
Dompropst Lichtenberg predigt Protest

1931 ruft Bernhard Lichtenberg (1875–1943) als katholischer Domkapitular der St.-Hedwigs-Kathedrale zum Besuch des Antikriegsfilms »Im Westen nichts Neues« nach dem Roman von Remarque auf. Damit zieht er den Hass Joseph Goebbels' auf sich, der seit 1926 Gauleiter von Berlin ist. Bald darauf wird seine Wohnung durchsucht. Doch er lässt sich nicht einschüchtern. 1932 wird Bernhard Lichtenberg zum Dompfarrer berufen und 1938 zum Dompropst ernannt. Obwohl die Gestapo seine Gottesdienste überwacht, predigt er nach dem Novemberpogrom 1938 jeden Sonntag in seiner Kathedrale gegen die Verfolgung der Juden.

In einem heftigen Schreiben an den Chef der Reichsärztekammer, Leonardo Conti, protestiert er im August 1941 gegen die »Euthanasie«-Morde und klagt in seinen Predigten die Ermordung von Kranken und Behinderten an. Tatsächlich wird daraufhin das Euthanasie-Programm »Aktion T4« formal eingestellt, insgeheim jedoch weiterbetrieben (siehe Seite 56).

Im Oktober 1941 verhaftet die Gestapo Lichtenberg. Nun predigt der Berliner Bischof Konrad Graf von Preysing im November 1941 in der St.-Hedwigs-Kathedrale gegen die weiter stattfindenden Massenmorde an Psychiatriepatienten. Lichtenberg und von Preysing sind neben Bischof Graf von Galen die wenigen katholischen Priester, die öffentlich die Verbrechen der Nationalsozialisten verurteilen.

Lichtenberg wird im Mai 1942 vom Sondergericht I beim Landgericht Berlin zu zwei Jahren Haft verurteilt, in das Gefängnis Tegel eingewiesen und anschließend in das »Arbeitserziehungslager« Wuhlheide (siehe Seite 22). Während des Transportes zum Konzentrationslager Dachau Anfang November 1943 stirbt Bernhard Lichtenberg als Schwerkranker in Hof unter nicht geklärten Umständen.

Ein halbes Jahr zuvor wird Anfang März 1943 die nach Art des römischen Pantheons erbaute Kathedrale durch Bomben zerstört und bis 1963 in ihrer ursprünglichen Form wiederaufgebaut.

Adresse Hinter der Katholischen Kirche 3, 10117 Berlin-Mitte | **ÖPNV** S 1, S 2, S 5, S 7, S 25, S 75, Haltestelle Friedrichstraße, dann 10 Minuten Fußweg, U 2, Haltestelle Hausvogteiplatz, U 6, Haltestelle Französische Straße, Bus 100, 200, Haltestelle Staatsoper | **Und heute** In der Unterkirche kann das Grab von Bernhard Lichtenberg besucht werden. Hinter der Kathedrale ist am Kathedralforum eine Gedenktafel für ihn angebracht.

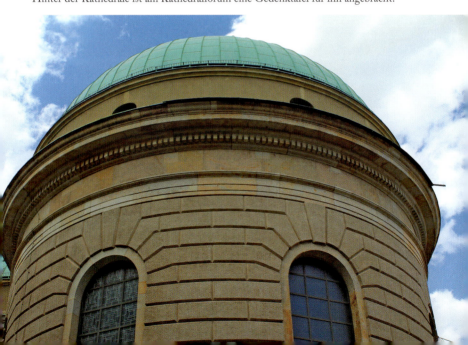

101 Die Synagoge Fasanenstraße

Deutsche Häuser dürfen nicht brennen

Die 1919 errichtete liberale Synagoge in der Fasanenstraße 79 ist ein dreischiffiger, repräsentativer Bau mit drei großen Kuppeln und bietet als eine der größten Synagogen Berlins Platz für etwa 2.000 Personen. Schon vor 1933 verüben Nationalsozialisten Anschläge auf das Gotteshaus, SA-Männer stören die jüdischen Feiern und schlagen mit Stöcken und Eisenstangen auf Juden ein, die aus der Andacht kommen. 1936 muss die Synagoge geschlossen werden.

Schließlich dringen in der Pogromnacht vom 9. zum 10. November 1938 SA-Männer in die Synagoge ein, brechen die Schränke auf, zerreißen die Gebetbücher, stürzen den Spieltisch der Orgel über die Emporebrüstung, schütten Benzin über die Bänke und zünden sie an. Die herbeigeeilte »Feuerlöschpolizei« mit Hakenkreuzarmbinden hat Anweisung, die brennende Synagoge nicht zu löschen. Sie muss nur verhindern, dass das Feuer auf benachbarte, nicht jüdische Gebäude übergreift. Die Synagoge brennt völlig aus.

Der Sozialdemokrat Werner Zehden wohnt gegenüber der Synagoge und erinnert sich: »Die Bewohner der Straße standen herum und ohne Beifall. Sie haben nicht ›Hurra‹ oder ›Heil Hitler‹ gerufen und standen alle nur erschüttert da. Am nächsten Morgen um neun Uhr kam die SA mit einer Musikkapelle anmarschiert und spielte vor der niedergebrannten Synagoge das Deutschlandlied und ›Die Fahne hoch‹.« Werner Zehden wird 1944 in ein Zwangsarbeitslager der Organisation Todt (siehe Seite 148) in Thüringen eingeliefert, flieht daraus, kehrt nach Berlin zurück und versteckt sich in der 1943 zusätzlich durch Bombenangriffe gänzlich zerstörten Synagoge. In der Ruine kann er das Kriegsende überleben und wird 1951 Bezirksbürgermeister von Steglitz.

1958 werden die drei Kuppeln gesprengt und an der Stelle im selben Jahr das Jüdische Gemeindehaus errichtet.

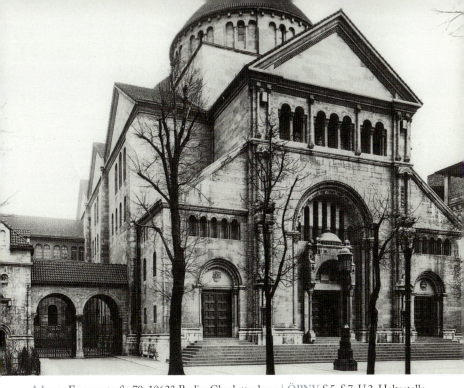

Adresse Fasanenstraße 79, 10623 Berlin-Charlottenburg | **ÖPNV** S 5, S 7, U 2, Haltestelle Zoologischer Garten, U 1, Haltestelle Uhlandstraße, U 9, Haltestelle Kurfürstendamm | **Und heute** An der Stelle der Synagoge befindet sich die Jüdische Gemeinde Berlin. In die Eingangsfassade ist ein Teil des ehemaligen Synagogenportals eingefügt, auf dem Vorplatz erinnern zwei Mahnmale an den Ort. Im Gemeindehaus befindet sich eine eindrucksvolle und umfangreiche Bibliothek.

102 Die Uhrig-Organisation
Widerstand, Verhaftung, Widerstand, Enthauptung

Der Werkzeugmacher Robert Uhrig (1903–1944), seit 1920 Mitglied der Kommunistischen Partei Deutschlands, arbeitet bei Osram in Berlin-Moabit und leitet dort seit 1933 eine illegale KPD-Betriebszelle. 1934 verhaftet ihn die Gestapo. Er wird zu einer Zuchthausstrafe verurteilt, die er bis 1936 im Zuchthaus Luckau verbüßt. Sofort nach seiner Entlassung nimmt er seine Widerstandsaktionen wieder auf und leitet ab 1938 ein Netz mehrerer Widerstandsgruppen, gemeinsam mit seiner Ehefrau Charlotte, der ehemaligen Sekretärin der SPD-Reichstagsfraktion. Die Uhrig-Organisation wächst mit etwa 200 Mitgliedern zur größten Untergrundbewegung der Berliner KPD heran, die auch mit der »Roten Kapelle« (siehe Seite 184) zusammenarbeitet. Mitglied der Uhrig-Gruppe ist auch der international ausgezeichnete Ringer Werner Seelenbinder.

Der Organisation gelingt es, in über 20 Berliner Rüstungsbetrieben Widerstandszellen zu gründen. Dort werben sie ausländische Zwangsarbeiter und betreiben Sabotage. So auch in den Askania-Werken in Mariendorf, bei Daimler-Benz und Siemens in Marienfelde, bei Lorenz in Tempelhof, beim Beton- und Monierbau in Friedenau, bei den Deutschen Waffen- und Munitionswerken in Reinickendorf. Die Gestapo schleust mehrere Spitzel in Uhrigs Organisation und verhaftet im Februar 1942 über 170 Mitglieder. Nur wenige Akteure bei Askania und Siemens können der Verhaftung entkommen und schließen sich für ihre weitere Widerstandsarbeit der Saefkow-Jacob-Bästlein-Organisation (siehe Seite 188) an.

Der Volksgerichtshof verurteilt über 30 Uhrig-Mitglieder zum Tode. Viele werden in Konzentrationslager verschleppt, andere überleben die Foltern in den Zuchthäusern nicht. Charlotte Uhrig deportiert man in das Frauen-KZ Ravensbrück. Werner Seelenbinder und Robert Uhrig werden nach jahrelangen Torturen in mehreren KZs 1944 im Zuchthaus Brandenburg durch das Fallbeil enthauptet.

Adresse Wohnhaus: Wartburgstraße 4, 10823 Berlin-Schöneberg; ehemalige Waffen- und Munitionswerke: Eichborndamm 107, Ecke Pannwitzstraße, 13403 Berlin-Reinickendorf | **ÖPNV** Wohnhaus: U 7, Haltestelle Eisenacher Straße, Bus M 46, Haltestelle Grunewaldstraße; ehemalige Waffen- und Munitionswerke: S 25, Haltestelle Eichborndamm, Bus 221, Haltestelle Pannwitzstraße | **Und heute** Am erhaltenen Wohnhaus erinnert eine Tafel an Robert Uhrig. Am Eingang der erhaltenen Gebäude der ehemaligen Waffen- und Munitionswerke weist eine Tafel auf den Widerstand der Uhrig-Gruppe hin.

103 Die Vermögensverwertungsstelle

Herrenloses Judengut für »Arier«

Mit Beginn der Deportationen ab Oktober 1941 weist der Reichsfinanzminister Anfang November 1941 den Oberfinanzpräsidenten Berlin an, den hinterlassenen Besitz der Juden unter dem Decknamen »Aktion 3« einzuziehen und zu verwerten. Dafür richtet der Oberfinanzpräsident Ende 1941 die »Vermögensverwertungsstelle« in Alt-Moabit 143 ein.

Da die Juden bei ihrer Deportation in die Ghettos und Vernichtungslager laut Gesetz die Reichsgrenzen überschreiten, verlieren sie damit ihre deutsche Staatsangehörigkeit, sind also staatenlos. Und da sie nach behördlicher Terminologie »ihren Wohnsitz und Aufenthaltsort ins Ausland verlegen«, wird ihr gesamtes hinterlassenes Eigentum beschlagnahmt. Dieses geht in den Besitz des Reiches über.

Bereits vor der Deportation der Juden registriert die Vermögensverwertungsstelle in Zusammenarbeit mit den örtlichen Finanzämtern und der Gestapo deren gesamten Hausstand und das Vermögen. Allein in der Vermögensverwertungsstelle Berlin-Brandenburg ist der legalisierte Raub in mehr als 40.000 Akten festgehalten. Nach ihrer »Evakuierung« wird das »Judengut« an die Berliner Bevölkerung versteigert oder Gebrauchtwarenhändlern überlassen, die beim Verkauf 70 Prozent abführen müssen. Die Wohnungen werden den Kommunen zugesprochen. Bankguthaben, Wertpapiere, Renten, Versicherungen, auch Sterbeversicherungen übergibt man der Reichshauptkasse. Grundstücke werden der Liegenschaftsstelle überschrieben. Auch noch offenstehende Löhne von jüdischen Mitarbeitern müssen die Unternehmer der Vermögensverwertungsstelle überweisen. Durch die Zusammenlegung der Oberfinanzpräsidien von Berlin und Brandenburg im April 1942 ist ab dieser Zeit die Vermögensverwertungsstelle auch für die Auswertung der deportierten brandenburgischen Juden zuständig.

Adresse Alt-Moabit 143, 10557 Berlin-Moabit | **ÖPNV** S 5, S 7, Haltestelle Hauptbahnhof, Bus M 85, Haltestelle Bundeskanzleramt, dann jeweils 10 Minuten Fußweg | **Und heute** Das Gelände ist unbebaut und teilweise verwildert. In der Elisabeth-Abegg-Straße neben der Feuerwache Tiergarten erinnert eine Gedenktafel an die Vermögensverwertungsstelle.

104 Der Volksgerichtshof
5.243 Todesurteile »Im Namen des Deutschen Volkes«

1934 ordnet Hitler die Schaffung eines neuen Gerichtes an: des Volksgerichtshofes. Er ist zuständig für Hoch- und Landesverrat, darunter Feindbegünstigung, Spionage, Wehrkraftzersetzung, Hören des »Feindsenders London«, Verbreitung von Flugblättern. Ohne Rechtsmittel und Verteidigung urteilt er in erster und letzter Instanz. Seine Beisitzer sind Polizisten, Wehrmachtsangehörige, SA-, SS- und NSDAP-Mitglieder. Der Volksgerichtshof ist ein politisches Gericht, dessen Aufgabe nicht darin besteht, Recht zu sprechen, sondern »Volksschädlinge«, die Gegner des Nationalsozialismus, zu vernichten.

Seinen ersten Sitz hat er im Preußischen Abgeordnetenhaus in der Prinz-Albrecht-Straße, dann ab 1935 im Königlichen Wilhelms-Gymnasium in der Bellevuestraße 15 nahe dem Potsdamer Platz und schließlich von August 1944 bis Januar 1945 im Plenarsaal des Kammergerichtes am Heinrich-von-Kleist-Park in Schöneberg. Hier finden auch die Prozesse gegen die Verschwörer des 20. Juli 1944 statt, aus deren Kreis mindestens 180 Personen zum Tode verurteilt und in Plötzensee (siehe Seite 102) hingerichtet werden. Bis Kriegsende fällt der Volksgerichtshof »Im Namen des Deutschen Volkes« 5.243 Todesurteile, auch wegen »staatsfeindlicher« Witze oder »Zweifel am Endsieg«.

Einer der Präsidenten des Volksgerichtshofes ist ab August 1942 Roland Freisler (1893–1945), der 1942 an der Wannsee-Konferenz teilgenommen hat und wegen seiner fanatischen Tobsuchtsausbrüche berüchtigt ist. Nach 1.600 Todesurteilen wird Freisler Anfang Februar 1945 während eines Bombenangriffs getötet. Sein Nachfolger Harry Haffner (1900–1969) führt in den letzten drei Monaten bis Kriegsende die Prozesse ebenso gnadenlos weiter.

Nach dem Krieg wird ein Ermittlungsverfahren gegen Haffner eingestellt. Keiner der Richter, Beisitzer und Staatsanwälte des Volksgerichtshofes wie auch aller anderen Gerichte wird nach 1945 verurteilt.

Adresse Elßholzstraße 30–33, 10781 Berlin-Schöneberg | **ÖPNV** U 7, Haltestelle Kleistpark, Bus 106, 187, 204, M 85, Haltestelle Goebenstraße | **Und heute** Im originalgetreu wiedererrichteten Gebäude hat das Kammergericht seinen Sitz. Am Parkeingang steht ein Erinnerungsstein, in der Eingangshalle erhält man Informationsmaterial. Besichtigung des Sitzungssaales unter Tel. 030/90150, www.kammergericht.de.

105 Das Volkshaus der SPD
Prinz August Wilhelm ist mit der Folter zufrieden

Seit 1902 ist das Volkshaus der SPD in der damaligen Charlottenburger Rosinenstraße 3 ein beliebter Treffpunkt der Arbeiterbewegung dieses Bezirks. Der Gebäudekomplex besteht aus einem Wohngebäude vor allem für SPD-Genossen und einem Saalbau, in dem regelmäßig Vorträge, Konzerte, Tanzvergnügungen und Versammlungen stattfinden. Schon vor 1933 überfallen prügelnde SA-Horden wiederholt die »roten« Treffpunkte in den Arbeitervierteln. Schließlich besetzt der SA-Sturm 33 Ende März 1933 das Volkshaus, um diesen »marxistischen Schweinestall auszumisten« (Parole an der Hauswand), etabliert darin die Geschäftsstelle der SA-Standarte I und benennt das Haus zu Ehren ihres »Märtyrers« »Maikowski-Haus«. Der Anführer des SA-Sturms 33 Hans Maikowsky (die SA setzt anstelle des y im Namen ein i) wurde am 30. Januar 1933 nach dem Fackelzug bei einer Schlägerei mit Kommunisten in der Charlottenburger Wallstraße, heute Zillestraße, von einem SA-Kameraden versehentlich erschossen. In den Kellerräumen des Saalbaus richtet die SA-Standarte im April 1933 ein improvisiertes Gefängnis ein. Es ist eines der ersten von etwa 100 in Berlin.

In diesen Folterstätten hält sie KPD- und SPD-Mitglieder sowie Gewerkschafter mitsamt ihren Ehefrauen und weiteren Familienangehörigen gefangen und foltert sie, unter anderem dadurch, dass man ihnen einen Stock in den After stößt. Werden sie ohnmächtig, übergießt man sie mit kaltem Wasser. Der SA-Gruppenführer Prinz August Wilhelm »AuWi«, der vierte Sohn von Kaiser Wilhelm II., besucht den Folterkeller und zeigt sich zufrieden. Viele der Gefangenen überleben die Torturen nicht oder werden zu Tode geprügelt. Durch die »Verstaatlichung« des Terrors seitens der Gestapo wird die Folterstätte Ende November 1933 aufgelöst und der Saalbau für gewerbliche Zwecke benutzt.

Zehn Jahre darauf bomben im November 1943 Luftangriffe das Gebäude zur Ruine.

Adresse Loschmidtstraße 6–8, 10587 Berlin-Charlottenburg | **ÖPNV** U 7, Haltestelle Richard-Wagner-Platz, dann 10 Minuten Fußweg, Bus M 45, Haltestelle Wartburgzeile |
Und heute An der Stelle des Volkshauses ist ein Jugendverkehrsübungsplatz angelegt. Eine Text- und Fototafel informiert über den damaligen Ort.

106 Die Wannsee-Villa
Tagesordnung: »Endlösung der Judenfrage«

Bereits im Januar 1939 beauftragt Hermann Göring den Chef der Sicherheitspolizei und des Sicherheitsdienstes der SS, Reinhard Heydrich, die Zwangsausweisung der deutschen und österreichischen Juden zu organisieren. Und nach dem Überfall auf die Sowjetunion im Juni 1941 erteilt Göring dem mittlerweile zum Chef des Reichssicherheitshauptamtes aufgestiegenen Heydrich (siehe Seite 178) den Auftrag, die »Gesamtlösung der Judenfrage in Europa« vorzubereiten. Zugleich plant Reichsaußenminister von Ribbentrop dazu für Anfang Dezember 1941 eine Konferenz mit Heydrich in dessen Gästevilla am Wannsee. Wegen der sowjetischen Gegenoffensive vor Moskau wird die Konferenz auf den 20. Januar 1942 verschoben.

Zu diesem Zeitpunkt wurden bereits seit Mitte Oktober 1941 nur aus Berlin in neun Zügen 9.000 Juden in die Ghettos Lodz, Minsk, Kaunas und Riga deportiert. Dazu haben seit dem Überfall auf die Sowjetunion im Juni 1941 die Einsatzgruppen der SS im Gefolge der Wehrmacht Massenmorde an sowjetischen Juden verübt. Jetzt geht es um die konkrete Zusammenarbeit der zuständigen Behörden, die Klärung der Zuständigkeiten und die »Verbesserung« der arbeitsteiligen Organisation bei der Ermordung der europäischen Juden.

Unter Heydrichs Vorsitz nehmen an der Konferenz mit anschließendem Frühstück 14 Ministerialbürokraten teil. Darunter der Vertreter des Auswärtigen Amtes und Vertraute Ribbentrops, Unterstaatssekretär Martin Luther, und der Staatssekretär im Reichsjustizministerium Roland Freisler, später Präsident des Volksgerichtshofes. Das Protokoll führt Adolf Eichmann. Er ist mit seinem Referat IV B 4 in der Kurfürstenstraße seit 1941 zuständig für die Durchführung der »Wohnsitzverlegung in den Osten«. Die »Staatssekretärbesprechung« dieser Bürokraten dauert etwa eineinhalb Stunden. Ihr Ergebnis ist bis Kriegsende die Ermordung von etwa sechs Millionen Juden in Europa.

Land	Zahl
A. Altreich	131.800
Ostmark	43.700
Ostgebiete	420.000
Generalgouvernement	2.284.000
Bialystok	400.000
Protektorat Böhmen und Mähren	74.200
Estland	– judenfrei –
Lettland	3.500
Litauen	34.000
Belgien	43.000
Dänemark	5.600
Frankreich / Besetztes Gebiet	165.000
Unbesetztes Gebiet	700.000
Griechenland	69.600
Niederlande	160.800
Norwegen	1.300

Adresse Am Großen Wannsee 56–58, 14109 Berlin-Zehlendorf | **ÖPNV** S1, S7, Haltestelle Wannsee, dann Bus 114, Haltestelle »Haus der Wannsee-Konferenz« | **Und heute** In der Villa befinden sich die Gedenk- und Bildungsstätte »Haus der Wannsee-Konferenz« und eine Dauerausstellung über die Konferenz und den Völkermord an den europäischen Juden. Geöffnet Mo–So 10–18 Uhr. Kostenlose Führung Sa und So 16 und 17 Uhr. Gruppenführungen nur nach Anmeldung unter Tel. 030/8050010, www.ghwk.de.

107_Die »Weser Flugzeugbau GmbH«
Zwangsarbeiter reparieren Stukas

1938 ist in Tempelhof der modernste und größte Flughafen Europas fertiggestellt. In der eingemauerten Gedenkurkunde steht: »… sollen diese Bauten dem Frieden und dem Verkehr unter den Völkern dienen.« Zwei Jahre später werden in seinen Hangars und Bahntunnels von der Bremer »Weser Flugzeugbau GmbH« (kurz: »Weserflug«) über 2.000 Stukas und Jagdflugzeuge von etwa 2.100 ausländischen Zwangsarbeitern, Männern und Frauen, von Kriegsgefangenen und Berliner Juden produziert und repariert.

Alle unterstehen dem Chef des Reichsluftfahrtministeriums (siehe Seite 172) und Oberbefehlshaber der deutschen Luftwaffe Hermann Göring. Untergebracht sind sie in 30 Baracken eines »Ostarbeiterlagers« an der damaligen Neuen Flughafenstraße. Daneben befinden sich vier Baracken des »Lilienthal«-Arbeitslagers für die Zwangsarbeiter der »Deutschen Lufthansa«.

Ab Februar 1943 fügt die »Weserflug« in der damaligen Columbiastraße 9 ein zusätzliches Lager mit 20 Baracken für etwa 1.000 sowjetische Zwangsarbeiterinnen hinzu. Umzäunt ist es mit Stacheldraht und auch untereinander durch Drahtzäune getrennt. Die Arbeitszeit in diesem »Weser«-Lager läuft in zwei Schichten zu je zwölf Stunden. Die Frauen müssen auf Holzbetten mit Strohsäcken voller Wanzen schlafen. Als Verpflegung gibt es zum Frühstück Tee und zwei Scheiben Brot mit etwas Marmelade, zu Mittag Kartoffeln mit Soße und ab und zu 20 Gramm Fleisch. Entkräftet brechen viele zusammen. Bei Nichteinhalten der Produktionsnorm, bei Widersetzlichkeit oder Beschwerden werden die Frauen in Haftzellen gesperrt. Mehrmals werden der Flughafen und damit das Lager bombardiert. Geringen Schutz finden die Zwangsarbeiterinnen nur in Splittergräben.

Erst Ende April 1945, zwei Tage bevor sowjetische Truppen den Flughafen stürmen, stellt die »Weserflug« ihren Betrieb ein.

Adresse Columbiadamm, gegenüber Golßener Straße, 10965 Berlin-Tempelhof | **ÖPNV** Bus 104, Haltestelle Golßener Straße | **Und heute** Auf dem Areal des Arbeitslagers werden durch Ausgrabungen die Barackenfundamente freigelegt. Beim Eingang Columbiadamm informiert eine Text- und Fotostele über das Arbeitslager.

108 Die Wittenauer Heilstätten
»Wilde Euthanasie« durch das Pflegepersonal

Bis 1933 sind die Wittenauer Heilstätten das fortschrittlichste psychiatrische Krankenhaus Berlins, das sich mit modernsten Behandlungsmethoden um die Patienten bemüht. Dann kommen die Nazis und ersetzen das gesamte Personal durch nationalsozialistische Ärzte, Pfleger und Schwestern. Neuer Direktor wird Anfang Oktober 1933 Gustav Adolf Waetzoldt (1890–1945). Vom Amtsantritt bis Kriegsende lässt er über 2.000 psychisch Kranke und Behinderte zwangssterilisieren. Als Mitverfasser des Buches »Aufartung durch Ausmerzung« bereitet er 1939 mit Ärztekollegen in der Reichskanzlei das »Euthanasie«-Programm »Aktion T4« vor (siehe Seite 56).

Von 1939 bis 1945, besonders nach der vorgeblichen Beendigung der »Aktion T4« im Sommer 1941, tötet das Pflegepersonal in »wilder Euthanasie« 4.600 psychisch Kranke und Behinderte: durch Überdosen von Medikamenten, Injektionen und Misshandlungen. Oder sie lassen sie in den beiden Siechenhäusern (Haus 7 und 8) verhungern und verdursten, verschmutzt und übersät von Ungeziefer. Vor allem werden jüdische Patienten misshandelt und getötet.

Von August 1939 bis Ende 1944 bringt man von Wittenau über 2.000 Patienten zur Tötungsanstalt Obrawalde, 80 Kilometer östlich von Frankfurt/Oder, heute in Polen. Zwei Drittel davon sind Frauen. In Obrawalde werden die Menschen durch Medikamente, Injektionen oder Luftspritzen in die Adern umgebracht. Obrawalde ist aber nur einer der vielen Orte, an denen Wittenauer Patienten umgebracht werden.

Die behinderten Kinder und Jugendlichen schafft man von Anfang 1942 bis Kriegsende in die eigene »Kinderfachabteilung« (Tarnbezeichnung) der Nervenklinik Wiesengrund am Wittenauer Eichborndamm 238. Auch dort werden sie im Rahmen der Kinder-»Euthanasie« durch Medikamente ermordet.

Gustav Adolf Waetzoldt wird aufgrund seiner Erblindung 1944 durch Kurt Hasse abgelöst und begeht bei Kriegsende Selbstmord.

Adresse Oranienburger Straße 285, 13437 Berlin-Wittenau | **ÖPNV** S 2, S 25, U 8, Bus M 21, Haltestelle Karl-Bonhoeffer-Nervenklinik | **Und heute** In Haus 10 informiert eine Dauerausstellung über die Wittenauer Heilstätten. Geöffnet Mo–Fr 10–13 Uhr, So 13–17 Uhr. Tel. 030/4985733, www.totgeschwiegen.org. Am Pförtnerhaus in der Oranienburger Straße 285 und am Eichborndamm 238 ist jeweils eine Gedenktafel angebracht.

109 Die Zentrale Dienststelle für Juden

Einweisung zur Zwangsarbeit

Nach dem Novemberpogrom 1938 dürfen Juden keine Berufe mehr ausüben und das Berliner Arbeitsamt nicht mehr betreten. Für die dadurch arbeitslosen und verarmenden Juden richtet das Berliner Arbeitsamt im Dezember 1938 eine gesonderte Arbeitsvermittlung zur Zwangsarbeit ein: die »Zentrale Dienststelle für Juden« in der Kreuzberger Fontanepromenade 15. Die Zwangsarbeit wird als »Dienst« verharmlost.

In dieser Zentrale müssen sich alle Berliner Juden registrieren lassen. Das Personal wird nicht von Mitarbeitern der Jüdischen Gemeinde gestellt, sondern von »arischen« Beamten. Sie weisen ihnen gezielt anstrengende und schlecht bezahlte Arbeiten hauptsächlich in der Rüstungsindustrie zu. Die Arbeitszeiten betragen meistens in Tages- und Nachtschichten zwölf Stunden. Die Fontanepromenade wird zu einer gefürchteten Adresse, sie wird zur »Schikanepromenade«.

Im August 1941 werden durch diese »Dienststelle« über 26.000 Berliner Juden in 230 Betrieben zur Zwangsarbeit gezwungen. Besonders der »Generalbauinspektor für die Reichshauptstadt« Albert Speer holt sich für sein Mammutprojekt »Germania« und für seine zahlreichen Industriebetriebe von dieser »Dienststelle« billige Arbeitskräfte. Eng stimmt sie sich mit der Gestapo ab, wie viele Juden als Ersatz für die Deportierten neu verpflichtet werden müssen, um die Produktion der Kriegswirtschaft nicht zu gefährden. Ab April 1942 dürfen jüdische Zwangsarbeiter die öffentlichen Verkehrsmittel zum Erreichen ihrer Arbeitsstätten nur noch mit Sonderausweisen benutzen. Als nach der »Fabrikaktion« (siehe Seite 74) Ende Februar 1943 alle Juden von ihren Arbeitsplätzen und aus ihren Wohnungen abgeholt werden, rekrutiert die »Dienststelle« die verbliebenen nicht jüdischen Partner aus »Mischehen« und »jüdische Mischlinge« zum Arbeitseinsatz.

Adresse Fontanepromenade 15, 10967 Berlin-Kreuzberg | **ÖPNV** U 7, Haltestelle Südstern, Bus M 41, Haltestelle Geibelstraße | **Und heute** Das Gebäude ist erhalten und steht leer. Eine Foto- und Textstele informiert über das damalige Arbeitsamt.

110 Das Zeughaus
Wieder ein Attentat auf Hitler gescheitert

21. März 1943: Zeughaus, Heeresmuseum: Hitler kündigt an, anlässlich des »Heldengedenktages« die Ausstellung der sowjetischen Beutewaffen im barocken Zeughaus zu eröffnen. Beim Rundgang von 20 Minuten soll Oberstleutnant Rudolf-Christoph Freiherr von Gersdorff (1905–1980), Abwehroffizier der Heeresgruppe Mitte, als kundiger Experte dem »Führer« die Kanonen und »Stalinorgeln« erklären.

Bereits 27 gescheiterte Attentate hat es auf Hitler gegeben. Nun ist von Gersdorff entschlossen, diese Gelegenheit zu nutzen, sich mit Hitler in die Luft zu sprengen. Dafür erhält er von Oberst Henning von Tresckow über den Ordonnanzoffizier Fabian von Schlabrendorff in der Nacht zum 21. März zwei britische »Clam«-Minen. Diese muschelförmigen Haftminen sind 14 mal 7 mal 4 Zentimeter groß und leicht in Manteltaschen zu stecken. Der Sprengstoff besteht aus Tetryl und TNT, eine Mine allein kann eine dicke Stahlplatte durchschlagen. Doch bei der nächtlichen Übergabe in Gersdorffs Hotel »Eden« stellt sich heraus: Es fehlen die geeigneten Zünder! Bis zum nächsten Tag mittags können keine passenden beschafft werden. Aus alten Beständen besitzt Gersdorff noch englische Säurezünder, die er einbaut.

Sehr verspätet trifft Hitler gegen 13 Uhr ein, hält im Lichthof eine überraschend kurze Rede zum »Heldengedenktag«, zu der alle Spitzen des NS-Regimes, darunter auch Himmler, Göring und Goebbels, erschienen sind, und geht zum Eingang der Ausstellung. Da Gersdorff zum Gruß den rechten Arm heben muss, kann er in seiner Manteltasche nur die linke Mine durch Zerdrücken der Säureampulle aktivieren. In dieser Sekunde dreht sich Hitler um und eilt, ohne die erbeuteten Waffen eines Blickes zu würdigen, ins Freie, um vor der Neuen Wache Unter den Linden eine Parade abzunehmen. Im letzten Moment gelingt es Gersdorff, die gezündete Mine in einer Toilette zu entschärfen.

Adresse Deutsches Historisches Museum, Unter den Linden 2, 10117 Berlin-Mitte | **ÖPNV** U 6, S 1, S 2, S 5, S 7, S 25, S 75, Haltestelle Friedrichstraße, Bus 100, 200, Haltestelle Staatsoper | **Und heute** Der Innenhof, in dem das Attentat geschehen sollte, ist mit einigen Veränderungen wiederhergestellt. Am Eingang befindet sich eine Informationstafel. Geöffnet Mo – So 10 – 18 Uhr, www.dhm.de.

111 Das »Zigeunerlager« Marzahn

Zu den Olympischen Spielen ist Berlin »zigeunerfrei«

Hans Globke, unter Bundeskanzler Konrad Adenauer Chef des Kanzleramtes, schrieb in seinen Kommentaren zu den Nürnberger Rassegesetzen 1935: »Juden und Zigeuner sind artfremden Blutes«, und sprach ihnen die deutsche Staatsbürgerschaft ab. Noch vor den Olympischen Spielen 1936 wird beim Reichskriminalpolizeiamt im Polizeipräsidium die »Dienststelle für Zigeunerfragen« eingerichtet. Ihr Leiter ist Leo Karsten, zuständig für die Erfassung und Deportation der Berliner Sinti und Roma.

Auf Anordnung des Polizeipräsidenten Wolf-Heinrich Graf von Helldorf verschleppt die Polizei Mitte Juli 1936 etwa 800 Sinti und Roma nach Marzahn in unmittelbare Nähe der Falkenberger Rieselfelder. Berlin ist »zigeunerfrei«. Von den Fäkalien der Rieselfelder geht ein unerträglicher Gestank aus. Das Lager besteht aus Wohnwagen, Baracken und selbst gebauten Wellblechbuden, bewacht von Kriminalpolizisten mit Hunden. Die Wohnverhältnisse sind katastrophal, die Toilettenverhältnisse grauenhaft, das Wasser der drei Brunnen verseucht. Krankheiten breiten sich aus. Verstorbene werden in Blechkisten auf dem benachbarten Friedhof Marzahn beerdigt. Wiederholt erfassen Arbeitsgruppen der »Rassenhygienischen Forschungsstelle« (siehe Seite 160) im Lager die »Zigeuner« für ihre pseudowissenschaftliche Rassenkunde. Bis zu ihrer Deportation Anfang März 1943 nach Auschwitz-Birkenau müssen die Sinti und Roma in den umliegenden Betrieben Zwangsarbeit leisten.

Otto Rosenberg (1927–2001) hat als Einziger seiner Familie Auschwitz und andere Konzentrationslager überlebt und beschreibt sein Schicksal in seinem Buch »Das Brennglas«. Nach 1945 wird zwar gegen Leo Karsten wegen Beihilfe zum Mord ermittelt, doch aus »Mangel an Beweisen« werden die Verfahren eingestellt. Bis zu seiner Pensionierung arbeitet er als Kriminalobermeister in Ludwigshafen.

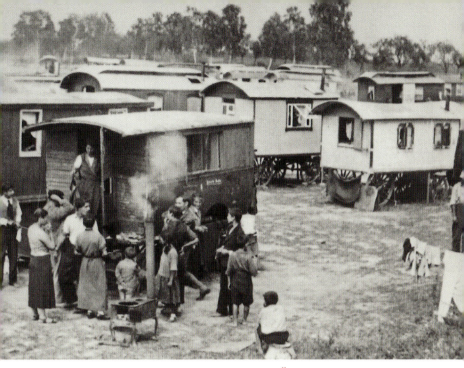

Adresse Otto-Rosenberg-Platz, 12681 Berlin-Marzahn | **ÖPNV** S 7, Haltestelle Raoul-Wallenberg-Straße, Bus 154, Haltestelle S Raoul-Wallenberg-Straße, X 54, Haltestelle Bitterfelder, Wolfener Straße | **Und heute** Am Otto-Rosenberg-Platz stehen als »Ort der Erinnerung und Information« elf Foto- und Textstelen. Informationen: Landesverband Deutscher Sinti und Roma, Tel. 030/43551170, www.sinti-roma-berlin.de.

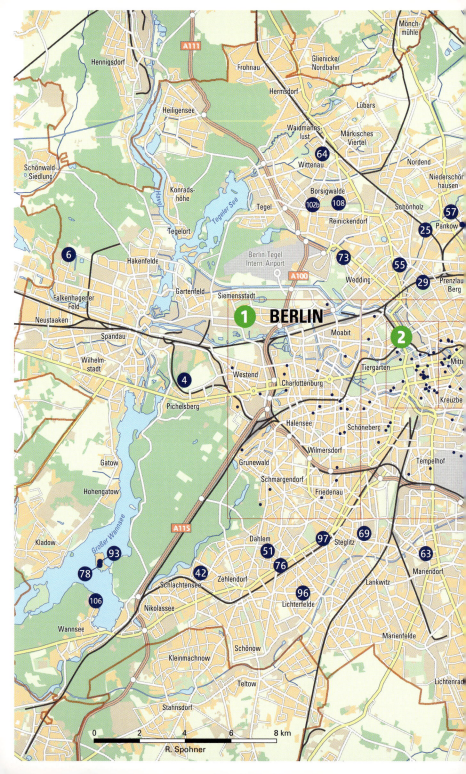

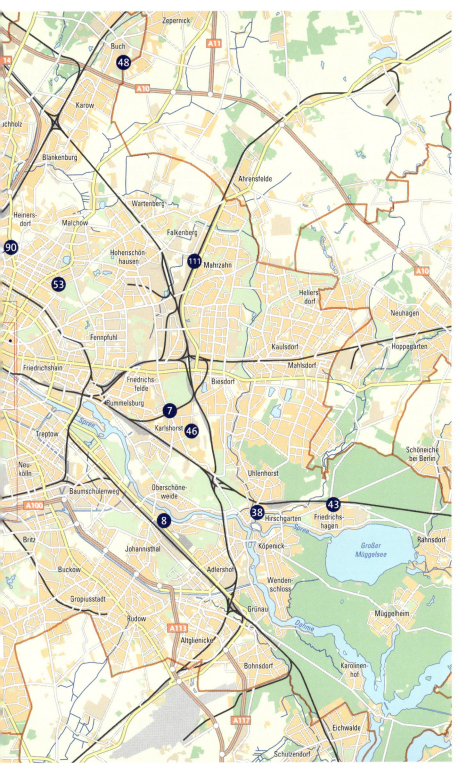

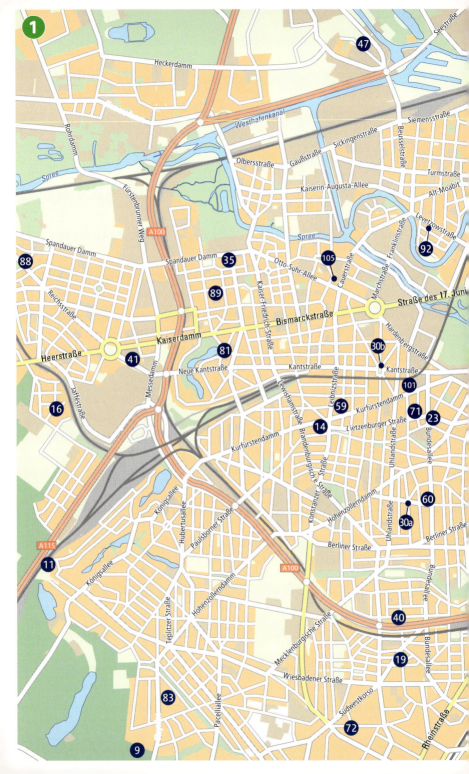

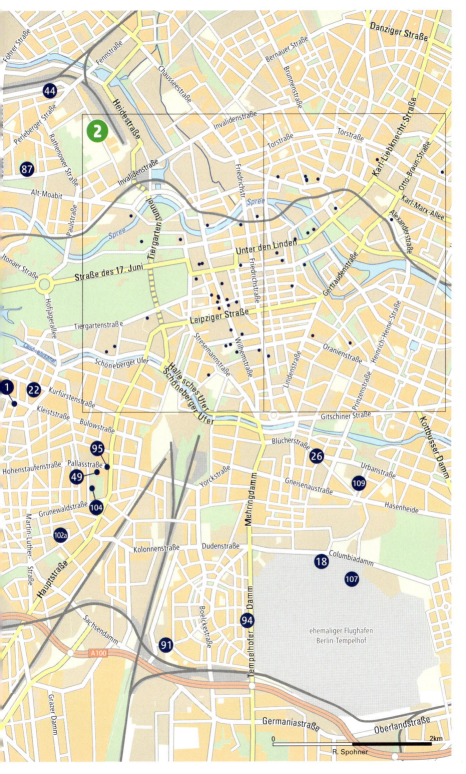

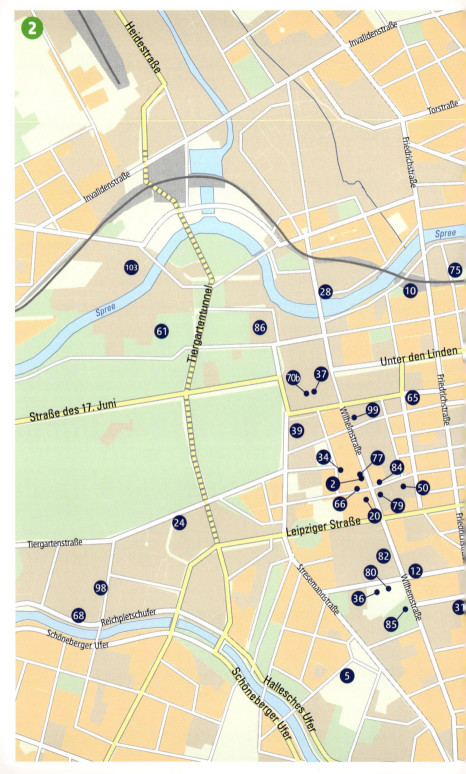

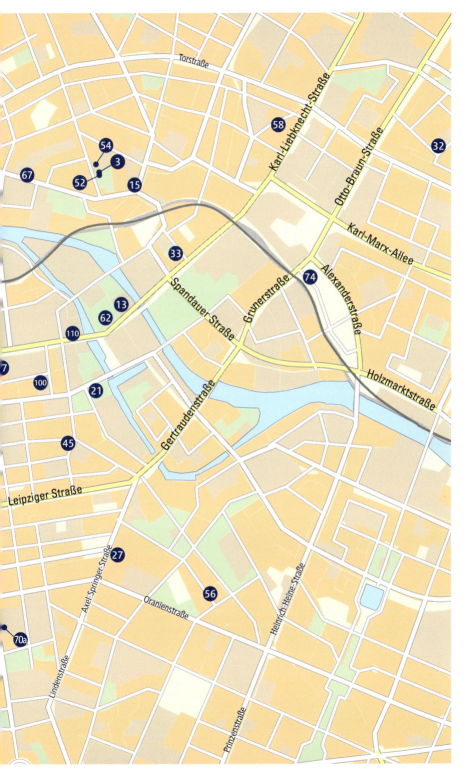

Fotografien

Alle Farbfotos © Nadia Boegli, außer Ort 43: Paul Kohl

Fotonachweise der historischen S/W-Fotos: Orte 10, 12, 19, 20, 21, 25, 41, 45, 46, 48, 50, 53, 54, 58, 60, 61, 65, 69, 70, 75, 82, 85, 86, 87, 94, 96, 97, 99, 101, 110, 111: wikimedia commons; 6, 7, 16, 18, 26, 28, 37, 40, 44, 47, 52, 59, 64, 68, 73, 74, 84, 88, 90, 92, 98, 100, 103, 105, 106, 108, 109: Privatarchiv; Orte 33, 71: bpk | Abraham Pisarek; Ort 1: Bundesarchiv, Bild 102-17903 / Pahl, Georg; Ort 2: Library of Congress; Ort 3: Bildarchiv Abraham Pisarek; Ort 4: Ullstein Bild, Bild 00020828 / Ullstein Bild; Ort 5: SZ-Photo, Bild 215 / Scherl; Ort 8: Bundesarchiv, Bild 183-K0511-0500-001 / Plenik, Pips; Ort 9: Wikipedia copyright Viborg; Ort 11: bpk / Josef Donderer; Ort 13: Ullstein Bild, Bild 00054629 / Ullstein Bild; Ort 14: Bundesarchiv, Bild 146-1974-152-17 / o.A.; Ort 15: Reproduktion Gedenkstätte Deutscher Widerstand; Ort 17: bpk; Ort 22: Berliner Architekturwelt, Januar 1912; Ort 23: Margarete Rensch; Ort 24: Landesarchiv; Ort 27: SZ-Photo, Bild 91716 / Scherl; Ort 29: Bundesarchiv, Bild 101I-635-4000-24 / Walther; Ort 30: Ullstein Bild, Bild 01172553 / Klaus Niermann; Ort 31: Bundesarchiv, Bild 102-10460 / Hoffmann, Heinrich; Ort 32: Bundesarchiv, Bild 102-12435 / Pahl, Georg; Ort 34: Bundesarchiv, Bild 183-V04744 / o.A.; Ort 35: Bundesarchiv, Bild 101I-212-0221-07 / Thiede; Ort 36: SZ-Photo, Bild 28619 / Scherl; Ort 38: Gedenkstätte Köpenicker Blutwoche; Ort 39: Ullstein Bild, Bild 01134741 / Hoffmann, Heinrich; Ort 42: Bundesarchiv, Bild 146-1987-004-09A / Hoffmann; Ort 43: SZ-Photo, Bild 365415 / Scherl; Ort 49: SZ-Photo, Bild 31192 / Scherl / Süddeutsche Zeitung Photo; Ort 51: Archiv der Max-Planck-Gesellschaft, Berlin-Dahlem; Ort 55: Bundesarchiv, Bild 183-S74370 / Heinscher; Ort 56: Archiv Darstellende Kunst Berlin / Arno Kikoler; Ort 57: Ullstein Bild, Bild 801148 / Imagno; Ort 62: Bundesarchiv, Bild 183-E07220 / o.A.; Ort 63: Bundesarchiv, Bild 183-1985-0109-502 / o.A.; Ort 66: Bundesarchiv, Bild 183-E00414 / o.A.; Ort 67: Ullstein Bild, Bild 18077 / DHM / Kaiserpanorama; Ort 72: Sonderausgabe zum Deutschen Kriminalpolizeiblatt / 1943; Ort 76: Bundesarchiv, R 165 Bild-244-71 / o.A.; Ort 77: Bundesarchiv, Bild 183-C11812 / o.A.; Ort 78: Ullstein Bild, Bild 00022748 / Ullstein Bild; Ort 79: Bundesarchiv, Bild 147-0269 / o.A.; Ort 80: Bundesarchiv, Bild 183-R96954 / o.A.; Ort 81: SZ-Photo, Bild 364816 / Süddeutsche Zeitung Photo; Ort 83: Bundesarchiv, Bild 183-R80430 / o.A.; Ort 89: Ullstein Bild, Bild 00022748 / Ullstein Bild; Ort 91: Bundesarchiv, Bild 102-02920A / o.A.; Ort 93: Bundesarchiv, Bild 102-00861 / Pahl, Georg; Ort 95: Bundesarchiv, Bild 102-10391A / Pahl, Georg; Ort 102: Bundesarchiv, Bild 183-L13282 / Dieck; Ort 104: Bundesarchiv, Bild 151-39-23 / o.A.; Ort 107: Archiv F.-Herbert Wenz, Lemwerder

Die Fotografen der Abbildungen konnten teilweise nicht ermittelt werden. Wir bitten Fotografen und Archive, sich beim Verlag zu melden.

Lucia Jay von Seldeneck,
Carolin Huder, Verena Eidel
**111 Orte in Berlin,
die Geschichte erzählen**
ISBN 978-3-95451-039-9

Rüdiger Liedtke
**111 Orte in München,
die Geschichte erzählen**
ISBN 978-3-95451-221-8

Der Autor

Paul Kohl, geboren 1937 in Köln, absolvierte Mitte der 50er Jahre eine Buchhändlerlehre und studierte Theaterwissenschaft und Germanistik. Er war Dramaturg und Regisseur an mehreren Theatern; seit 1965 produziert er verschiedene Arbeiten, vor allem für den Rundfunk. Seit 1970 lebt er in Berlin.

Die Fotografin

Nadia Boegli, geboren in New York, aufgewachsen in Zürich und Köln. Nach ihrem Studium in Maastricht zog es sie nach Berlin, wo sie nun seit vier Jahren lebt. Hier machte sie ihren Master in Intercultural Conflict Management und entdeckte ihre Liebe zur Fotografie.